おおたとし

ルポ 塾歴社会

日本のエリート教育を牛耳る
「鉄緑会」と「サピックス」の正体

GS
幻冬舎新書
406

はじめに

日本全国には約5万軒の塾があると言われている。東大生の約85%、早稲田・慶應・一橋を含む主要難関大生の約95%が塾通いを経験しているというデータがある。2009年に東大家庭教師友の会が実施したアンケートの結果だ。日本の学力トップ層の少なくとも9割前後は塾に通っていることになる。日本の「頭脳《エリート》」は、塾なしには育たないのが現実だ。

その中でも、圧倒的なシェアで日本の「頭脳」を育てている塾がある。「サピックス小学部」と「鉄緑会」だ。

東大合格者数ランキングの上位に名を連ねる学校のほとんどは、私立もしくは国立の中高一貫校。2015年の上位を挙げれば、開成、筑波大学附属駒場、灘、麻布、駒場東邦、桜蔭、聖光学院など。

これらトップ校に入るための中学受験塾として圧倒的なシェアを誇り、ひとり勝ち状態にあるのが「サピックス小学部」だ。そしてこれらトップ校の生徒たちが大学受験のためにこぞって通うのが「鉄緑会」である。つまり、「サピックス小学部」の上位クラスの子供たちがトップ校に合格し、入学後は「鉄緑会」に入るという流れができている。

「サピックス」の名前なら聞いたことのある人も多いだろう。しかしその上位クラス出身者だけが集まるような塾「鉄緑会」については知らない人も多いかもしれない。ごく一部の超難関中高一貫校を指定校とし、東大および難関大医学部合格を絶対目標に掲げる塾である。

たとえば東大合格率ナンバーワンの筑波大学附属駒場の中学受験合格者数に占める「サピックス小学部」出身者の割合は、２０１５年で7割を超えている。また大学受験の最難関である東大理Ⅲ（医学部）の合格者のうち6割以上が「鉄緑会」出身者で占められている。

たった2つの塾が、この国の「頭脳」を育てていると言っても過言ではない。「学歴社会」ならぬ「塾歴社会」である。

このことが何を物語っているのか、この国の教育はどうなっていくのか、それをいっしょに考えていきたい。

＊事例として登場する人物の名前はすべて仮名です。個人の特定を避ける目的で、話の内容には脚色を加えています。

ルポ　塾歴社会／目次

第2章 サピックス「ひとり勝ち」の理由

第4章 塾歴社会の光と闇 137

DTP 美創

第1章 サピックス～鉄緑会という王道

中学受験を終えても塾通いは続く

高橋康志さん（仮名）の息子・道正くん（仮名）はこの春、第1志望だった駒場東邦（以下、駒東）に合格した。2015年の東大合格者数82名。開成、筑波大学附属駒場（以下、筑駒）、灘、麻布に次ぐ全国5位。押しも押されもしない中学受験の超人気進学校だ。

塾の送り迎えはもちろん、塾がない日は高橋さんが家で勉強を見た。入試直前から当日までの約2週間、高橋さんは会社を休んだ。親子共に、昼も夜もなく週末もなく総力で臨み、つかんだ合格だった。

合格を確認して最初にしたことは、大学受験塾・鉄緑会への入塾手続きだった。合格直後のこのタイミングなら、駒東の生徒は「入会選抜試験（以下、入会テスト）」が免除される。駒東は、たった13校しかない「指定校」の1つだからだ。

小学校を卒業し、中学校入学までのちょうど春休みに当たるころ、私は高橋さんと食事をした。親子で臨んだ中学受験について、これからの6年間への期待と不安について、話を聞いた。高橋さんは、気取ることなく、包み隠さず、「現実」を話してくれた。

息子が超人気進学校に合格したからといって、嫌みや奢りはみじんも感じられない。まるで「ドタバタ劇」のように話してくれるが、当時は真剣そのものだったに違いない。

途中、高橋さんの携帯電話が鳴った。「とりあえず今日は単語を覚えなさい。数学は、まだ残ってたっけ？　じゃ、それもだね。がんばってね」と応じる。息子からだった。「塾の春期講習の宿題をどこまでやればいいか、確認の電話でした」高橋さんはちょっと恥ずかしそうに笑いながら携帯電話を鞄にしまう。

中学受験が終わって息つく暇もなく、6年後に向けての受験勉強が始まっているのである。高橋さん親子だけではない。道正くんは、春期講習の初日だけで、サピックスの同じ校舎の友達10人と出くわしたという。ほとんどが「α」と呼ばれる最上位クラスの生徒たちで、それぞれ最難関校に合格していた。

同じ中学受験塾でしのぎを削った最上位クラスの卒業生たちが、思い思いの中高一貫校に合格していく。しかしそれからたった6〜7週間後、再び同じ塾で出会い、「東大」という同じ目標に向かって共に学び始めるのである。

決して偶然ではない。中学受験塾としてひとり勝ち状態にあるサピックスと、東大合格請負塾として知られる鉄緑会の間には、まるで懸け橋が渡されているかのようである。「サピックスから鉄緑会へ」。首都圏の学力最上位層にとってはもはや常識であるが、世間一般にはあまり知られていない「王道」が存在する。

筑駒合格者の7割以上はサピックス出身

首都圏に住む、小学生の子を持つ親なら、中学受験を考えていなくても「サピックス」の名前くらいは聞いたことがあるはずだ。中学受験塾業界の古豪である四谷大塚や日能研を押し退けて、なにせ圧倒的な存在感なのである。

2015年、開成中学の定員300名に対し、サピックスからの合格者数は245名。8割以上を占める。開成は395名の合格を出しているので、実際の占有率はこれより下がるが、それでも開成生の少なくとも6割以上はサピックス出身ということになる。

開成が定員より95名も多い合格者を出すのは、主に筑駒にもダブル合格した受験生のうち、そちらに流れる人数を勘案してのことである。その筑駒においては、募集定員120名、合格者128名に対し、サピックスからの合格者は90名。筑駒生の7割以上がサピックス出身者ということになる。

2015年の東大合格者数ランキングトップ10の学校におけるサピックス占有率をまとめたものが図1だ。

図1 2015年度東大合格者ランキングトップ10の学校への2015年度サピックス小学部合格実績（該当学年在籍者数4909名）

	学校名	2015年東大合格者数	サピックスからの合格者	募集定員	募集定員に対する占有率	学校が出した合格者数	合格者に対する占有率
1	開成	184	245	300	81.7%	395	62.0%
2	筑波大附属駒場	109	90	120	75.0%	128	70.3%
3	灘	93	14	180	7.8%	228	6.1%
4	麻布	87	183	300	61.0%	387	47.3%
5	駒場東邦	82	160	240	66.7%	268	59.7%
6	桜蔭	77	171	240	71.3%	271	63.1%
7	聖光学院	74	206	225	91.6%	398（帰国生枠36を含む）	51.8%
8	渋谷教育学園幕張	56	349	280	124.6%	826（帰国生枠35を含む）	42.3%
9	海城	56	232	320	72.5%	525（帰国生枠64を含む）	44.2%
10	東京学芸大学附属小金井	54	3	41	7.3%	41	7.3%
	東京学芸大学附属世田谷		50	60	83.3%	104	48.1%
	東京学芸大学附属竹早		27	95	28.4%	96	28.1%

参考

学校名	日能研からの合格者	四谷大塚からの合格者	早稲田アカデミーからの合格者
開成	65	82	60
筑波大附属駒場	13	17	17
灘	50	25	15
麻布	86	57	54
駒場東邦	52	40	30
桜蔭	42	58	58
聖光学院	92	58	42
渋谷教育学園幕張	187	166	147
海城	88	110	64
東京学芸大学附属小金井	11	23	55（東京学芸大学附属大泉中等学校を含む4校合計）
東京学芸大学附属世田谷	25	20	
東京学芸大学附属竹早	18	33	

※各塾、各学校のホームページなどをもとに作成。

図2 首都圏大手中学受験塾のボリュームゾーン

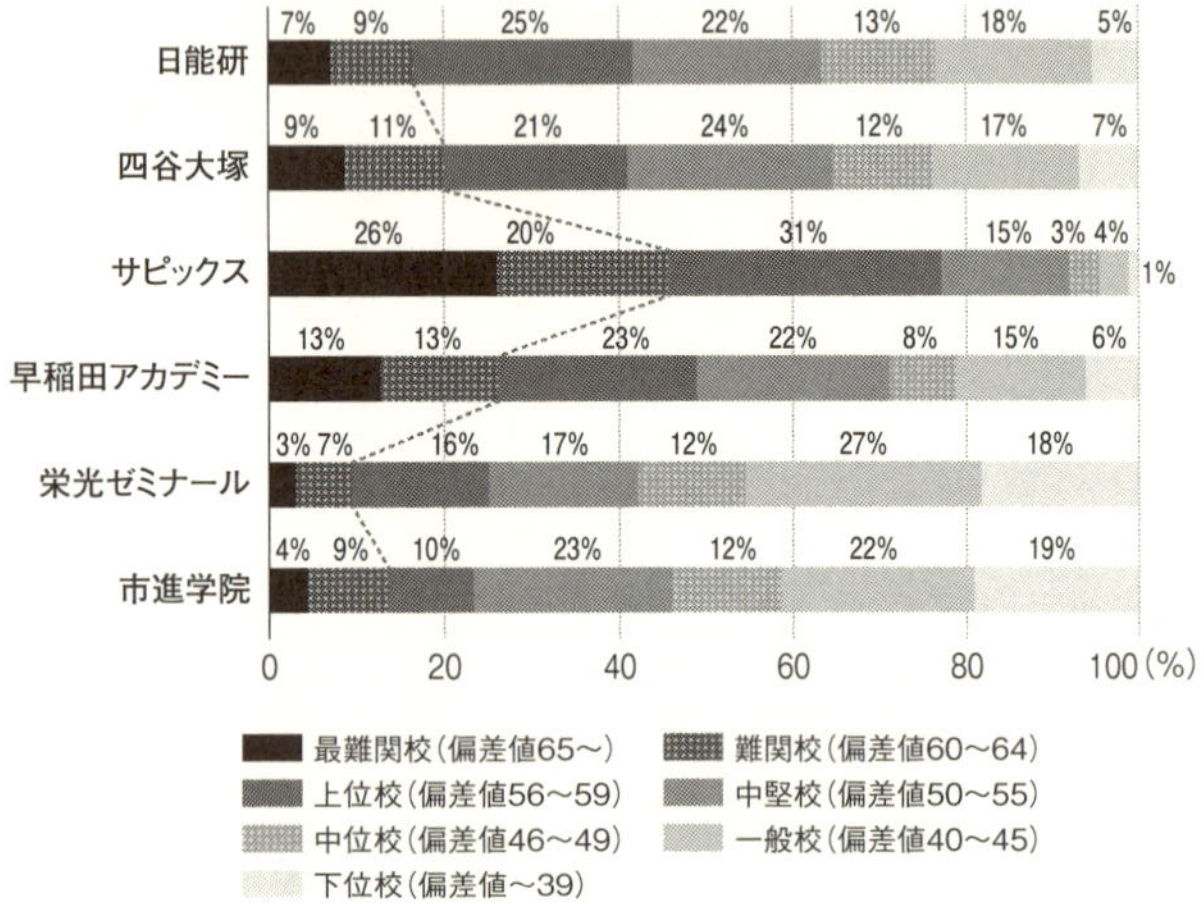

※中学受験カウンセラー石田達人さんより提供。
※学校偏差値は、四谷大塚の80%結果偏差値をベースに、日能研や首都圏模試の偏差値も参考にして、実情に合わせて石田さんが独自に算出したもの。

10位の学芸大学附属高校には3つの附属中学があるのでデータを3つに分けた。学芸大学附属の中学校の場合、附属の高校へ内部進学できるのは半数以下で、完全な中高一貫校とは言えず、中学受験の対象校としてはほかの9校と横並びにはできない。また、3位の灘は兵庫県にあるのでこれも例外とする。

残りの8校の中学受験最難関校については、募集定員ベースで約8割以上、合格者数ベースでも約半数以上がサピックスからの合格者で占められているのである。8

校への合計合格者数においては、続く日能研と比べて約2・6倍、1000人以上の差で引き離している。

首都圏の中学受験塾大手6社の学力帯別合格者比率を比べたものが図2である。サピックスが突出して難関校に強いことはこれを見ても明らかだ。

ここまでくると、中学受験において最難関校を受験するつもりであれば、サピックス以外の選択肢がかすんでしまうのも無理はない。結果、ますます学力上位層がサピックスに集まるスパイラルができている。まさに「ひとり勝ち」状態だ。

ちなみに関西の灘についていては、募集定員180名に対し、実際の合格者が228名。中学受験塾別合格者数は上位から、浜学園93名、日能研49名、希学園32名、馬渕教室27名である。浜学園が2位以下をほぼダブルスコアで引き離している。関西では浜学園1強状態と言える。

サピックスの最上位クラスだけを集めたような塾

前出・高橋さんは鉄緑会入塾に当たって息子とこんな話をしたという。「鉄緑会はサピックスのαクラスの生徒ばかりで作ったような塾だ。どういうことかわかるか？　今まで

図3 鉄緑会東京本校指定校

	6学年のおおよその生徒数	鉄緑会在籍者数	鉄緑会生率
筑波大附属駒場	840	431	51.3%
桜蔭	1440	564	39.2%
開成	2100	623	29.7%
筑波大学附属	1335	206	15.4%
雙葉	1080	152	14.1%
白百合	1080	140	13.0%
海城	1920	213	11.1%
麻布	1800	199	11.1%
豊島岡	1800	193	10.7%
駒場東邦	1440	149	10.3%
女子学院	1440	133	9.2%
栄光	1080	43	4.0%
聖光学院	1350	52	3.9%

※鉄緑会パンフレット(2015年春)および各学校のホームページなどをもとに作成。

君はサピックスの模試で偏差値60くらいを取れていたけれど、母集団が変われば偏差値も変わるんだ。鉄緑会の生徒はみんな超優秀だから、きっと鉄緑会の内部模試を受けたら偏差値50を取るのも大変だ。もし偏差値40を下回るような成績が続くようなら、鉄緑会はやめよう」

鉄緑会に通うのは、サピックスの中でも最上位クラスに在籍し最難関校に合格したような生徒ばかり。というのも、鉄緑会には指定校制度があり、それ以外の学校の生徒は入会テストを受け、指定校の生徒たちと遜色のない学力があることを証明しないと入塾ができないからだ。

鉄緑会の指定校はたったの13校。それ

らの学校の6学年のおおよその総生徒数と鉄緑会在籍者数は図3。開成生の約3割は鉄緑会に通っている。桜蔭では約4割。筑駒ではなんと5割を超える。鉄緑会の生徒数は中1から中2・3にかけて減少し、高1から高3にかけて大学受験が近づくにつれてまた増える。受験間際の鉄緑会生率はこの数字よりもさらに高いかもしれない。

指定校であっても途中から入塾する場合、入会テストを受けなければいけない。現在29歳の駒東卒業生は「高2のときに友達と4人でいっしょに鉄緑会の入会テストを受けたが2人は不合格だった」と証言する。

灘高生徒の4分の1は鉄緑会大阪校に在籍

鉄緑会のパンフレットによると、指定校以外の在籍者が所属する主な学校は、巣鴨、渋谷教育学園幕張（以下、渋幕）、渋谷教育学園渋谷（以下、渋渋）、武蔵、早稲田など。かつては武蔵や巣鴨も指定校とされていたが、今は違う。代わりに豊島岡や聖光学院などは比較的最近になって指定校に追加された。

筑波大学附属、雙葉、白百合など、東大合格者数ランキングでは武蔵や巣鴨より下に位置する学校が指定校である一方で、東大合格者数全国8位の渋幕はいまだ指定校になって

図4 鉄緑会大阪校学校別在籍者数（一部）

	鉄緑会在籍者数		鉄緑会在籍者数		鉄緑会在籍者数
洛南	363	高槻	68	大阪桐蔭	26
灘	315	大阪星光	57	金蘭千里	23
神戸女学院	208	海星女子	45	清風	22
四天王寺	141	清風南海	41	甲南女子	16
阪大附属池田	128	西大和	38	北野	15
東大寺	103	阪大附属天王寺	35	小林聖心	14
洛星	69	六甲	32	南山	11
甲陽	68	帝塚山	28	東海	11

※2015年春取材時、鉄緑会提供。

いない。単に東大合格者数を基準にしているわけでもなさそうだ。

鉄緑会には東京本校と大阪校の２つの拠点がある。大阪校には指定校の制度はなく、全員入会テストを受けるのがルール。大阪校の在籍者数は図４の通り。

兵庫の灘には６学年で約１２００名の生徒がいる。その約４分の１が鉄緑会に通っている計算。同じく神戸女学院は６学年で８１０名。こちらも約４分の１が鉄緑会に通っていることになる。京都の洛南は６学年で約２１６０名。約17％が鉄緑会生ということになる。

２０１４年時点と２０１５年時点での在籍者数を比べると、開成５６０名→６２３名、桜蔭５３９名→５６４名、筑駒４３２名→４３１名、海城２００名→２１３名、筑波大学附属１９１名→２０６名、麻布190名↓199名、豊島岡166名↓193名、洛南313名↓363名、灘287名↓315名、神戸女学院195名↓208名と、最上位校と言われる学校の在籍生徒数はほとんど右肩上がりだ。

東大医学部合格者の6割以上は鉄緑会出身

東京本校は東大および難関大学医学部を主なターゲットとしている。大阪校はさらに京大もターゲットにしている。

東京本校の高3の生徒数は例年600名程度。同じく大阪校は約250名。その合格実績が図5。東大合格者総数は2013年の321名、2014年の334名からさらに増えて、2015年には375名となっている。

東京本校と大阪校を合わせると、京大への合格者は65名、国公立大学医学部への合格者は431名になる。東京と大阪合わせて約850名ほどいる生徒のうち、浪人生も合わせれば、775名が東大もしくは京大もしくは国公立大学医学部に合格している計算だ。さらに私大の最難関である慶應義塾大学医学部にも87名の合格者を出している。

つまり鉄緑会は、日本屈指の進学校に通う秀才を集め、さらに鍛え、確実に最難関大学

図5 2015年度鉄緑会合格実績(既卒生を含む)

		東京校	大阪校	全体	募集定員
東京大学	文I	51	7	58	401
	文II	22	3	25	353
	文III	19	4	23	469
	理I	108	23	131	1108
	理II	60	10	70	532
	理III	44	18	62	100
	後期	4	2	6	100
	合計	**308**	**67**	**375**	**3063**

		東京校	大阪校	全体	募集定員	
医学部医学科	東京大学(理III)	44	18	62	100	62.0%
	京都大学	1	33	34	107	31.8%
	慶應義塾大学	76	11	87	68	127.9%

※2015年春取材時、鉄緑会提供。

に合格させる塾なのだ。もともと地頭のいい生徒たちに有名進学校の環境が与えられるだけで「鬼に金棒」である。さらに鉄緑会に通えば「鬼に金棒にヘルメット」といった具合。盤石の大学受験となる。

特に注目に値するのは、東大理III(医学部)の定員に占める鉄緑会出身者の占有率。日本における最難関、受験競争のヒエラルキーの最上位のなんと6割以上が、鉄緑会出身者で占められているのだ。

東大理IIIに多くの合格者を出す学校といえば、灘、開成、筑駒、桜蔭あたりが有名。それぞれ個別に見ていくと、たとえば2015年に開成から理IIIに合格した14名中13名が鉄緑会出身だ。同様に、灘では15名中

13名が、筑駒では9名中8名が、桜蔭でも9名中8名が鉄緑会なのである。2015年には駒東から理Ⅲに3名の合格者が出ているが、実は全員が鉄緑会出身だ。

学校の授業中は塾の宿題をやる時間

本書を執筆するに当たり、多数の鉄緑会出身者を取材した。出身校は、開成、筑駒、灘、桜蔭、女子学院、洛南など。印象的だったのは、「鉄緑会がなければ母校の現在の大学進学実績はないだろう」と複数人が言っていたことだ。

筑駒の卒業生は「学校では受験対策はゼロ。ほとんどの生徒が授業中に内職して鉄緑会の宿題をやっていました」と証言した。桜蔭の卒業生も「現役で東大や国公立大の医学部に行く生徒の大半は鉄緑会に通っていたと思います」と言う。

ある鉄緑会関係者は「東大の合格ラインにはたくさんの受験生たちがひしめいています。毎年の東大合格者の中でも、下位半分は不合格でもおかしくなかった人たち。ちょっとの点差でかろうじて受かった人たちです。彼らはギャンブルに勝っただけ。詰め込みや付け焼き刃の勉強でもそこまでは行けますが、それでは塾に通う意味がありません。鉄緑会では6年間をかけて、ギリギリ合格ではなく、上位半分の位置で、余裕を持って東大に合格できる学力を身につけます」と言う。

「学歴」よりも「塾歴」

毎年春になると、週刊誌各誌がこぞって東大合格者ランキングの特集を組み、やれ「開成がいちばん」とか「灘と筑駒はどちらが上か」などということが話題になる。卒業生数と東大合格者数の割合から東大合格率によるランキングを作ってみたり、各大学の偏差値と合格者数をかけ合わせて学校ごとの「大学合格力」なる指標で並べてみたりして、「どの学校がいちばん東大に近いのか」「いい大学に行ける学校はどこか」をあの手この手で比べようとする。それによって翌年の中学受験における、各学校の倍率が如実に変わる。

しかしそれも虚しいことに思えてくる。

有名進学校の実績の裏には少なからず鉄緑会の影響がある。最難関大学受験のことだけを考えるのなら、開成にするのか、筑駒にするのかということよりも、鉄緑会に入るのか入らないのかが、重要なのかもしれないのだ。

つまり、「学歴」よりも「塾歴」。この国では塾が受験エリートを育てているのだ。

そして鉄緑会に通う最難関中高一貫校の生徒の大半がサピックス出身者であるというの

もこれまた事実だ。あまたある公立小学校から多様な中高一貫校へ、そして東大をはじめとする最難関大学へと、「学歴」においては多様な「道」が存在するように見えるが、「塾歴」に目を向ければ、多様性は極めて乏しい。

「学問に王道はない」はずである。しかし今、日本の受験勉強においては、サピックスから鉄緑会そして東大へと、1本の「王道」が存在するのである。

ただしその「王道」は誰でも歩けるわけではない。受験の「王道」からはどんな風景が見えるのだろうか。理系から2人、文系から1人、それぞれの風景を聞いた。

小学生の時点で有名進学校の夏休みの宿題を解く!?

現在東大在学中の中村智子さん(仮名)は、サピックスで中学受験勉強をした。親はあまり勉強を見てくれなかったが、小さなころから公文を続けており、小2ですでに中学校で習う数学までを終えていたため、特に難は感じなかった。方程式を使えば簡単に解けてしまう算数の問題をいちいち「なんとか算」で解かなければいけないのが煩わしかったくらいである。入試直前までピアノとバレエの習いごとも続けたが、クラスでは常にトップだった。

「私がまだ小学生のころ、従姉妹が中高一貫進学校に通っていて、従姉妹の夏休みの宿題を手伝ってあげたこともありました。塾の模試では教えられた通りの解き方で解答していましたが、桜蔭の入試本番では方程式を使って解きました。桜蔭ならそんなことで減点はしないだろうと考えたからです」

地頭が良くて、しかも度胸もある。

4つの超人気進学校の合格を総なめにし、桜蔭を選んだ。

中2の時点で3つの塾をかけもち

公文での「貯金」があったので、桜蔭に入ってからも代数は楽勝だった。しかし幾何は歯が立たない。中1の2学期の中間テスト、代数は100点満点だったのに幾何では44点をとってしまった。平均は90点。屈辱だった。

「全くやっていなくてできないのなら気にしなかったと思います。でも、自分なりにはやっていたつもりだったのに、44点というのはショックでした。まわりの友達はいい点をとっていました。どうやって勉強しているのかを聞いてみたら、鉄緑会という塾に通っていると言うのです。みんな桜蔭入学の前から鉄緑会に通っているとのことでした。なんで教えてくれなかったのか、なんで最初から鉄緑会に入れてくれなかったのか、母に文句を言いました」

中1の3学期から鉄緑会に通い始めた。数学だけ週1回。幾何の点数は上がり、一安心した。

ただし智子さんが通っていた塾は鉄緑会だけではなかった。中1のはじめから平岡塾とグノーブルで英語を学んでいた。

平岡塾は渋谷にある知る人ぞ知る英語専門塾。鉄緑会と並び、有名進学校の生徒たちが通う。東大受験者の合格率は毎年8割を超える。グノーブルはサピックスグループから分離してできた中高一貫校生ターゲットの塾で、現在急成長中である。

「グノーブルは宿題もやらず通うだけ。友達と会うのが楽しみでした。中3まで続けました。平岡塾はやっぱり宿題が多かった印象があります。鉄緑会のレギュラーコースに入るためには数学だけでなく英語も受講しなければいけなかったので、中2のときに鉄緑会でも英語を受講するようになり、代わりに平岡塾はやめました」

中2の時点では、鉄緑会と平岡塾とグノーブルをかけもちしていたというわけだ。しかも運動部にも所属していた。「とにかく時間がない毎日だった」と当時を振り返る。

毎日夜に帰宅すると疲れて寝てしまう。全く家庭学習の時間がとれなかった。学校の勉強は公文の「貯金」を切り崩すことで対応できたが、鉄緑会の課題はこなせない。宿題をやらずに授業に出たり、授業ごと休んでしまったりすることも増えた。それでも鉄緑会はやめないほうがいいと感じていた。

鉄緑会が勉強のペースメーカー

まさしく塾漬けの生活。さぞや教育熱心な両親に育てられたのかと思いきや、親から「勉強しろ」と言われたことはない。むしろ放任主義的な親だった。智子さんが「大学に行くのは嫌だ」と言ったときには「別に大学に行かないで働いてもいいのよ」とさらりと返され、拍子抜けした。

また、桜蔭では、実は受験勉強をしろとお尻を叩かれることがない。テストを受けてもクラス内順位も発表されない。世間一般には超進学校のイメージがあるかもしれないが、決して受験一辺倒の教育を行っているわけではないのだ。

家庭も学校も、智子さんをけしかけたりはしない。大学受験に関しては鉄緑会がペースメーカーになっていた。

高校生になると生活のリズムも安定した。部活や行事が忙しいと鉄緑会をさぼりがちになることもたびたびあったが、数学・英語ともだいたい最上位から1つめか2つめのクラスにいることができた。

鉄緑会では高2以降、理科の授業も始まる。高2での負担がいちばん大きい。まわりの雰囲気に押されるように、智子さんも受験モードになっていった。

かといって、特になりたいものがあったわけではない。せっかく桜蔭にいて、鉄緑会にも通っているのだから東大に行くのだろうという感じ。分野としては、漠然と宇宙や建築の世界に憧れていた。「じゃ、理Iかな」くらいに考えていた。

しかし学校の友達や鉄緑会の先生からは理Ⅲを薦められた。「十分に理Ⅲを狙える学力があるのだから、最難関を目指してみれば？」ということである。最後まで決められなかった。

理Ⅲにするか理Iにするか

高3の夏、鉄緑会で、1日最低10時間は勉強しなさいと言われ、猛勉強した。しかしそこで何かの糸が切れてしまった。夏休み明けから全く勉強する気がなくなった。体調まで悪くなり、鉄緑会にもほとんど通えなくなった。過去問もやりきれなかった。駿台予備学校の東大模試も受けなかった。大学入試本番を前にして、完全に力尽きてしまった。

「受験勉強に飽きてしまったのかもしれません」と智子さんは当時を振り返る。ある種のバーンアウト状態だったのだろう。それでももともと持っているスペックが違う。受験直前に追い込まなくても、理Ⅰなら現役合格間違いなしと、鉄緑会の先生からお墨付きをもらっていた。

理Ⅰにするのか理Ⅲにするのか、結局センター試験の点数で決めることにした。結果は微妙だった。前期試験で理Ⅰを受ければ合格は堅い。しかし理Ⅲとなるとギリギリだ。

東大の中でも理Ⅲは別格。東大には、大学1・2年の教養学部における成績で、3年生への進級時に所属する学部が割り振られる「進学振り分け（通称・進振り）」制度がある。しかし理Ⅲ合格者には、進振りに関係なく原則全員が医学部に進学できる優遇措置がある。理Ⅰは約1100名の募集であるのに対し、理Ⅲの椅子は100しかない。ベネッセのマナビジョンの偏差値表によれば、理Ⅰの偏差値が77、理Ⅱが76であるのに対して、理Ⅲの偏差値は80。

無難に理Ⅰ狙いにしようかと思った。しかし鉄緑会の先生から、「君が妥協するなんて信じられない。後悔するんじゃないか」と言われ、理Ⅲに出願することを決めた。それでダメなら後期日程で理Ⅰを受ければ十分に勝算があると考えたからだ。

鉄緑会には競い合える相手がいた

理Ⅲに合格した。

夏休み明けからほとんど塾にも顔を出さなくなっていたから、塾の友達からは「家でやってたんじゃないの!?」と突っ込まれた。

現在東大医学部に在籍中。

「東大の医学部に入ってみて感じることは、勉学に対するモチベーションが高い人は多いけど、圧倒的な天才はいないということ。授業に全く出てこない意識の低い人たちもいます」

たくさんの塾に通ってきた智子さんにとって、塾とは何か。

「解説がわかりやすいので、物事を最初に学ぶときに理解がしやすい学びの場だと思います。勉強は最低限しかしないタイプだったので、授業中にできるだけ吸収してしまうようにしていました。また、主体的なやる気が出ないときでも、塾から言われたことをとりあえずこなしておけばそこそこのラインに居続けることはできるという安心感がありました。切磋琢磨できる相手を見つける場所としての意味も大きいと思います。私は負けず嫌いだったので、競い合うことでモチベーションが高まりました。桜蔭にはそこまで張り合える相手がいなかったので、鉄緑会という場所は私にとって貴重な競争の場でした」

鉄緑会には、桜蔭、筑駒、開成などトップ進学校の中でもさらに大学受験に対する意識が高い成績上位層が集う。日本最高峰の学力の持ち主が切磋琢磨する空間なのだ。

受験指導の鉄緑会、英語の平岡塾、数学のSEG

土井貴仁さん（仮名）は、現在外資系金融会社に勤めている。筑駒から東大理Ⅰに合格した。

最初は地元の小さな塾に通っていたが、小5から、サピックスで理科と社会を学ぶようになり、小6から4教科すべてサピックスに集約した。小6でいきなりサピックスの最上位クラスに加わった。

開成にも筑駒にも合格した。東大合格者数では開成が全国1位だが、合格率では筑駒がいちばん。筑駒を選んだ。

中1の春から英語のみ鉄緑会に通い始める。中1のはじめから中2の途中までは平岡塾にも通っていた。中2からは鉄緑会で数学も受講する。高1ではSEGに顔を出したこともある。SEGとは、鉄緑会、平岡塾と並んで、都内の有名進学校生の間では有名な大学受験塾だ。受験指導の鉄緑会、ノーブルな英語の平岡塾、アカデミックな数学のSEGという色分けがある。国語については「A.S.N.ニルの学校」という塾が比較的有名だ。

高2からは鉄緑会で物理と化学を受講した。

中1の時点で同級生の約3割が鉄緑会に通っていた。筑駒生でも鉄緑会のスピードと量についていけず脱落する者もときどき出るが、高1くらいから通塾者はさらに増える。

「筑駒では大学受験のための勉強はほとんどしません。でも鉄緑会に通い続けていれば、普通に東大に入れます。授業中に内職している人もいました」と貴仁さんは言う。

学校ではサッカー部に所属し、それとは別に空手教室にも通っていた。大量の宿題にどう対処したのか。

「中2くらいまではテキトーにやっていました。宿題をやっていかなかったこともよくありましたし、面倒なときは復習テストが終わるタイミングを見計らってわざと遅刻していったことも何度もありました。でも中3になったころ、いい先生がいる上のクラスに行きたいなと思って、ようやく勉強をし始めました。鉄緑会は宿題が多くて大変というイメージを持つ人が多いようですが、ただ大量の宿題をこなせばいいというものでもありません。要領も求められていると思います。まじめにやっていなくても、鉄緑会生であること自体に意味があります。ある程度手を抜くべきです」

決して「まじめ一徹」というわけではないのだ。むしろ「ちょい不良」な雰囲気が漂う天才肌の青年だ。

「鉄緑会では、中学生のうちは女子が強いんです。まじめにコツコツやるから。でも、高校に入ってからは男子のほうが伸びます」

「大学時代はサークル活動が楽しかったですね。勉強はあんまりしませんでした（笑）」

将来の夢は何か。

「うーん、よくわからないんですけど、すごいビジネスマンになりたいです。将来的にはアメリカで働くのもいいなと思っています」

受験勉強の達人は大人になってからパッとしない

田中祐子さん（仮名）は30代前半。現在弁護士資格を一時抹消し、中央省庁で働いている。サピックス8期生として桜蔭に合格。6年間鉄緑会に通い、東大文Ⅰに合格した。文系の「王道」を歩んだ。

しかし、社会人になってそれなりの経験を積んできた今、祐子さんは「王道」への疑問を感じつつあるという。

「サピックスにも鉄緑会にも受験勉強の達人みたいな生徒がいて、まわりからも一目置かれていたんですけど、今、30歳を過ぎてみると、彼らにかつての輝きが感じられないというか、意外とパッとしないというか……」

その言語化しにくい感覚を、「後伸びしていない」「キャラに遊びがない」などと表現してくれた。

「今、私は、中央省庁に勤めています。いわゆる日本のエリートと呼ばれるような人たちに囲まれて仕事をしています。彼らのエリート意識みたいなものが鼻につくことがあります。やたらと自分の経歴を話題にしたがるんです。弁護士も同様ですが」

そういう自身も相当の経歴の持ち主だ。違和感を覚えるようになったきっかけは何か。

「実は私もかつては彼らと同質だったのだと思います。経歴では負けないという自負が実際にありました。しかし、弁護士資格を得るための司法修習（実地研修）で沖縄に赴き、

1年間過ごしたとき、自分自身がすごく楽になるのを感じたんです。それまでの私にはなんというか、自分で勝手に決めた既定路線みたいなものがあって、それに縛られていたんだと思うんです。学校の友達も、塾の友達も、みんな似たような価値観を持っていましたから、それが偏った価値観であることに気づくチャンスはほとんどありませんでした。でも今思えば、ずっと『生きづらさ』のようなものを抱えていました」

別の弁護士に聞いてみると、司法修習でわざわざ沖縄を選ぶ人は珍しいらしい。普通、特に大手法律事務所への就職を希望している場合、やはり東京など大都市を選ぶケースが多いのだそうだ。それが祐子さんの人生において、初めて「既定路線」を逸脱してみた機会だったのだろう。

学校になじめず、塾に居場所を見つけた

小2のとき、仲のいい友達がサピックスに通い始めた。つられて祐子さんも親に「塾に行かせて」と頼んでみたが答えはNO。「そんなに早くから塾に行くもんじゃない」というのが家庭の方針だった。

結局小4になってからサピックスに通い始める。当時は東京校と西東京校の2つしか校

舎がなかった。

「サピックスの宿題を多いと感じたことはありません。よその家では親がつきっきりで勉強を教えてくれたり、毎日の予定を立てたりしてくれていたみたいですが、うちの親はそういうこともしてくれませんでした。自分で考えなさいという教育方針でした。今思えばそれは良かったのだと思います。小2から公文をやっていて、処理能力の高さには自分でも自信がありましたが、理科・社会が苦手でした。それで、理科・社会の配点が少ない桜蔭を受験することにしました。まわりにも桜蔭を受ける子が多かったですし、今考えればサピックスの先生による誘導もあったように思います。サピックスの中には、女子学院よりも桜蔭のほうがちょっと格が上というような意識がありましたから」

しかし、桜蔭の水が、祐子さんには合わなかった。特に早くから「医学部を目指す」と言ってテストのたびにピリピリしているような生徒たちとそりが合わなかった。中1の1学期が終わる前に、「別のコミュニティが必要だ」と感じ、それを塾に求めた。

「そこが自分でも矛盾していると思うのですが、そりが合わない子たちが通っている鉄緑会に自分も入るんです。でも、鉄緑会では桜蔭生とはつるまず、他校の生徒たちとばかりつるんでいました。特に筑駒、麻布など、男子校の生徒たちとも仲良くなりました。学校の友達といるよりも、塾の友達といっしょにいるほうが楽しかった。それがまた桜蔭生たちの反感を買ったのでしょう、ちゃらちゃらしているように見えて。でも一方でそこそこ勉強もできましたから、テスト結果に一喜一憂するような人たちからすればますます面白くなかったでしょう（笑）」

現在の祐子さんは見るからにエネルギッシュで、ノリがいい。話がうまく、テレビの法律相談番組に出演したらはまり役ではないかと感じるほどだ。中学生の当時からそうだったのだろう。もしかしたら、祐子さんのノリの良さが、桜蔭では浮いてしまっていたのかもしれない。

鉄緑会の友達とはいまだに付き合いがある

鉄緑会ではまず数学の授業をとった。その先生が大当たりだったと祐子さんは振り返る。

「当時、院生で博士課程だったのでしょう。地方の高校から東大に入った先生で、まわりの先生とはちょっと雰囲気が違いました。中1から高1までずっとその先生のクラスでした。そういう先生がいるクラスだから、クラスとしてのまとまりもあって、そのときの塾友とは今でも付き合いがあります」

鉄緑会のクラスには大きく分けて、オープンクラスとレギュラークラスの2種類がある。年2回ある塾内の模試で一定以上の成績を収めないとレギュラークラスには入れない。多くの生徒は当然のようにレギュラークラスを目指すのだが、祐子さんは違った。数学のその先生のクラスが良かったので、あえてずっとオープンクラスにとどまった。

鉄緑会の宿題ですら多いと感じたことはないという。塾のあと、みんなでいっしょに帰るのが楽しくて、居残りをしている生徒を待っていることがよくあった。たいていはその時間で翌週までの宿題を終わらせることができた。居残りの時間が短かったときでも、たった3駅分の電車の中でたいがい終わらせることができた。

中学生の途中から英語も受講するようになったが、英語の先生の印象はあまりない。高2から例の数学の先生のクラスが選択できなくなってしまい、それ以降は数学の記憶もない。急に勉強がつまらなくなり、そこからは一時成績が下落した。

高3の数学ではそれでも文系の中で最上位クラスに入った。このクラスの先生も当たりだった。このとき同じクラスだった友達ともいまだに付き合いが続いている。

切磋琢磨する中で、成績は向上。現役で東大文Iに合格した。

大学ではテニス、バスケ、チアリーディングなどいろいろなことをちょっとずつやった。

法律相談所のボランティア活動もした。小学生のころお世話になったサピックスでのアルバイト講師も務めた。同じくサピックスから芝に行き、鉄緑会に入った友達から誘われたのだ。自分が通っていたころは2つの校舎しかなかったのに、6年ぶりに戻ってみると、十数校舎に拡大していた。

司法試験に今までのやり方は通用しなかった

小学生のころから弁護士を目指すと決めていた。親戚に弁護士のおじさんがいて、普通のサラリーマンとは違う自由な働き方になんとなく憧れを感じていたからだ。

祐子さんの世代は、司法試験改革のちょうど端境期に当たる。司法試験が知識重視から、実務的な形式に変更になる移行期間だった。旧司法試験であればペーパーテストによる一発勝負だが、非常に難関だった。新司法試験では法科大学院に2年間通ったうえ、試験をパスすれば仮免許のようなものがもらえる。そのうえで1年間の実地研修を経て、正式に弁護士資格を得ることができる。ペーパーテストの難易度は下がったが、時間がかかる制度である。

祐子さんは、手っ取り早く旧司法試験で弁護士資格を取ってしまおうと考えた。しかし

2度受けて、ダメだった。受験勉強では困ったことのない祐子さんが初めて味わった挫折だった。

「受験勉強と同じ要領で司法試験も通るだろうと高をくくっていました。しかし違いました。なんで法律の勉強だけうまくいかないんだろうと不思議に思いました。このとき初めて、自分が今まで処理能力だけで物事に対処してきて、深い思考ができていなかったことに気づきました。司法試験では処理能力の高さだけでなく、深い理解が求められていたのです」

「町の弁護士」になるのは負け!?

法科大学院卒業後、法律事務所への就職活動を始めるが、これもうまくいかない。70社受けて全滅だった。女性であることが不利に働いたという面もあるだろう。司法試験に続く挫折であった。

「本当は民事や刑事の裁判を引き受ける『町の弁護士』として働きたいと思っているのに、東大の法学部の雰囲気に流されて、『企業法務に興味があります』なんて言うものだから、嘘はすぐにバレます。もうそこまでくると自分でもおかしく思えてきました。25歳まで、自分は結局何も考えてこなかったんだなあと思いました」

単に弁護士になるのなら東大法学部に行く必要はない。せっかく東大法学部に入ったのであれば、「町の弁護士」ではなくて、大企業の法務を請け負うような仕事をしないと「負け」だという意識が、彼らの中にはあるのだという。

東大に行くことで、逆に選択肢を狭めていた

就職活動での挫折で、ふっきれた。既定路線を離脱して、独自路線を行こうと決めた。それで司法修習の地に沖縄を選んだ。そこでいっしょになった人たちの生き方を見て、目からウロコが落ちた。

「自分は勉強をがんばることで、人よりも多くの選択肢を得ていると思っていました。しかし実際には、『東大に行ったからにはあんな仕事はできない』という風潮もあって、どんどん自分の選択肢を狭めていたのです。大学受験のときには『なんとなく東大』だと思い込み、一橋大学ですら『亜流』だと思っていました。でも、沖縄で出会った人たちのほうが、よほど自由で選択肢の多い生活をしていたのです。東京に出てくるもよし、地元に残るもよし、会社勤めもいいし、漁業をやってもいい。むしろ『亜流』を選択するほうが、

主体的な生き方であることに気づきました。今までの自分の人生には、何と主体性がなかったのかと思い知らされました」

司法修習を終え、沖縄から東京に戻った。小さな弁護士事務所に就職した。そこで3年半ほど勤めたあと、人の紹介で今のポストを得た。弁護士事務所に所属しながら、弁護士資格は一時抹消し、役所勤めをしている。弁護士の知識を活かして法改正を行ったり、地域活性化にも取り組んでいる。

深く思考する能力を失ったかもしれない

「大学に入るまで塾に頼り切る生き方は、もしかしたら私から、何かを深く思考する能力を奪ったのかもしれないと思うことがあります。もともとそういうことが苦手だったのかもしれませんが、そのことに目を向けず、お山の大将になれてしまうシステムなのかもしれません。そういう生き方が向いている人も必ずいるわけですから、それが一概に悪いことだとも言えませんが」

小学生のうちは、目標の学校に入るためにどれだけの学力が必要で、そのためにどれだけの努力をしなければいけないのかなど、子供本人がわかるはずもない。塾の指導に右向け右になることはやむを得ない。しかし、それが強烈な成功体験として刻まれ、中学・高校生になっても塾に頼り切りになってしまうと、主体的な学習習慣を身につける機会が奪われてしまうのかもしれない。

ある有名中高一貫校の教員は、「最近は塾依存のようになっている生徒あるいは保護者が多い」と嘆く。また別の学校の教員は、「ときどきサプリメントを飲むように、塾を上手に利用してくれるのなら問題はありません。でもサプリメントに頼り切りになってしまうようでは心配です」と漏らす。

祐子さんは続ける。

「特に私の知り合いを見る限りでは、天下の灘や筑駒の出身者に限って、大人になってからは意外に普通の仕事に就いている人が多くて。それが悪いというわけではないのですが、高校時代の彼らを知っている私としては意外な気がするんです。逆に大人になってからいわゆる華々しい活躍をしている人の多くは、人生の早期に何らかの挫折を味わい、ハングリー精神をうまく使っているという印象があります」

「正解」が見つからない状態に耐えられない

日本の現在の官僚社会にも問題点を感じると言う。

「中央省庁での仕事は国民のみなさんの生活を大きく左右しかねないものです。しかしそこにいる人たちの思考パターンというか、物事への取り組み姿勢の同質性があまりに高いのです。似たような人同士ならたしかに話は早くて効率的です。しかしもしかしたら何か大切なものを見落としている可能性があります」

「東大生は使えない」「エリート官僚は自分の頭で考えられない」という批判は昔からある。そのような紋切り型の批判には私は全く与しない。しかし、祐子さんのように、「王道」を歩んできた人自身が抱く違和感には説得力がある。

世の中のほとんどの問題には「正解」なんてものはない。しかし、人よりも早く「正解」にたどり着くことに長けていて、そこに自負すらある人たちにとっては、「正解」が見つからない状態に居続けること自体がものすごくストレスに感じられるのかもしれない。だから手っ取り早く「正解」を得ようとしたがる。でもそもそもそんなものはないから、「正解らしきもの」をねつ造する。あるいは誰かが掲げた「正解らしきもの」に飛びつくことで、安心して思考停止に陥る。

祐子さんは「自分もかつてはそうだったかもしれない」と振り返る。

「王道」だけでは教育として不完全

社会の成熟化が進み「正解」が多様化し常に変化する中で必要になるのは、早く「正解」にたどり着く能力ではなく、問いを問いとして抱え続ける力なのではないか。簡単には「正解」を出してしまわない胆力なのではないか。私はそう思う。

塾に通ったからといってそれが身につかなくなるとは私は全く思わない。本書で塾批判をするつもりは毛頭ないし、サピックスについても鉄緑会についても、非常に優れた教育機関であるという評価を持っている。そのことは過去の拙著を読めば明らかだし、今も基本的に変わっていない。

しかし祐子さんの話からうっすらと浮かび上がるのは、「王道」をただ歩むだけでは、教育として、何かが足りないということだ。

第2章 サピックス「ひとり勝ち」の理由

TAPから麻布に分裂してサピックスが誕生

「TAPから麻布に入ったあと、中3のときに、算数の霜山先生を中心とするTAPの上位クラスの講師陣が独立して、サピックスという塾を立ち上げたという噂を聞きました。メンバーは霜山先生のほか、算数の田村先生、国語の吉原先生と立野井先生、社会の神田先生、理科の奥田先生などでした。まさに私が中学受験をしたときにお世話になっていた先生たちです」と言うのは現在42歳の会社員・戸塚魁さん。

TAPとは、1980年代に御三家をはじめとする中学受験最難関校合格の実績で躍進した塾。東京では四谷大塚、神奈川では日能研がすでに足場を固めていた中、学力最上位層にターゲットを絞る作戦が功を奏した。

しかし1989年、トップ講師たちと経営陣の対立が激化。上位クラスの講師陣がごそっと抜けてサピックスを立ち上げるに至った。そのとき、講師陣といっしょに上位クラスの生徒たちの多くがサピックスに移籍したため、サピックスは立ち上げ当初から高い実績を叩き出し、バブル景気の追い風もあり、そのまま勢いに乗った。

一方TAPはトップ講師陣と上位クラスの生徒たちを失い、瞬く間に失速。紆余曲折を経て最終的に2004年、栄光ゼミナールに吸収された。

「TAPの授業がそのままサピックスになっただけ。B4両面刷りのプリント教材は、TAPのころも、サピックスのころも、基本的に変わりません。とはいえ、たとえば霜山先生なんかはプリント教材すら使用せず、ほとんど板書で授業を進めるスタイルでしたが」

と戸塚さん。

戸塚さんは大学生になってから、サピックスで非常勤講師として働いた。サピックスができてまだ5年ほどしか経っていないころ。立ち上げメンバーの直接の教え子が活躍し、校舎は増えていった。戸塚さんは非常勤ながら、自由が丘校、日吉校、青葉台校などの立ち上げに加わった。1990年代後半、サピックスは最難関校の合格実績で群を抜くようになっていた。

サピックスを代ゼミが買収

2009年、塾業界に衝撃が走った。大手予備校の代々木ゼミナールグループ（以下、代ゼミ）が、サピックス中学部を買収したのだ。さらに翌年、代ゼミはサピックス小学部も買収し、完全にサピックスブランドを傘下に収めた。

中学部はともかく、小学部は最難関校の合格実績で絶好調。前年の中学部買収の流れとはいえ、小学部には経営危機の噂など全くなかっただけに、中学受験業界は騒然とした。サピックスが大衆化してしまうのではないかという懸念も噂されるようになった。

当時の事情を知る関係者によれば、「まず開成高校にこだわった中学部が、早慶合格者数で上り調子の早稲田アカデミーの進撃を食らい、代ゼミの傘下に下ることに。もともとサピックスの小学部と中学部の経営は完全に別で人的交流すらありませんでしたが、さらに低学年の囲い込みを図りたい代ゼミが積極的に小学部に働きかけたようです」とのこと。

少子化により浪人生が激減し、「予備校」という形態自体が存続困難になることは明らかだった。代ゼミに限らず、大手予備校は現役シフトを敷かざるを得なかった。そんな中、代ゼミは、2011年、現役中高生向け大学受験塾ブランド「Y-SAPIX」を立ち上げるのである。そのうえで2014年、全国の「代々木ゼミナール」20校舎を閉鎖することを発表する。

しかし小学部については代ゼミ傘下になって以降も塾の方針に大きな変更はない。今でもサピックス小学部の経営にはかなりの独自性が担保されており、代ゼミ幹部もうかつに口出しできない状況にあるという。

サピックスの快進撃はむしろ勢いづいた。

中学入試オタクが集まる塾だった

教育ジャーナリストの杉山由美子さんは、立ち上げ当初からサピックスを取材し、何冊もの書籍に著している。

「初めて取材したときにはたしか日本橋と荻窪の2校舎しかありませんでした。都会の頭のいい子たちを集めている塾という印象が残っています。どの先生も、難関校の過去問が全部頭に入っているという感じ。まるで中学入試オタク（笑）。中学入試問題と格闘し、出題者の意図を読み取り、生徒たちに納得できる解き方を教えることに、並々ならぬ情熱を燃やしていました。特に麻布と灘の問題のファンが多くいました。泥臭い先生たちでした。そして生徒たちも、難しい問題にこそ目を輝かせるのです。面白い塾ができたなと思いました。もともと私は中学受験にはあまりいいイメージを持っていませんでしたが、こんな塾ならいいかもしれないと感じました」

たとえば『中学受験ＳＡＰＩＸの授業』（学研プラス）をはじめとする杉山さんの著書には、緊張感がありながらそれでいて生徒たちの発話をどんどん引き出す授業のありさまと、それを楽しんでいる生徒たちの姿が描かれている。

難関校にバンバン入れると聞くと、スパルタ教育的なものを想像する人もいるかもしれないが、それは違う。サピックスの授業では、知識の詰め込みではなく、知識を素早くなめらかに使いこなす方法を教えているのである。

「アクティブ・ラーニング」を先取り

たとえば算数では、安易に公式を当てはめるような教え方はしない。簡単な問題で原理原則に気づかせたうえで類題演習をくり返し、徐々に問題のレベルを上げ、複雑な問題の中にも同じ原理原則が活用できることを体感させる。

野球にたとえれば、まずバットを振るときに必要な基本的な筋肉の使い方を教え、あとはいろいろな球種の球を実際に打たせてみることで、どんな状況に際しても反射的になめらかに筋肉が動かせるようになるまで訓練するようなものだ。

また、国語や理科や社会の授業では、生徒たちの生活に根ざした身近な話題を呼び水にして興味を惹きつけ、双方向的に対話をしながら、要点を板書にまとめていく討論型の授業を行っている。

講師も生徒も授業中は常に頭の中がフル回転。1コマ90分にもおよぶ授業も、集中しているとあっという間に過ぎてしまう。

現在文部科学省は、先生が生徒に一方的に講義を行う「レクチャー型」の授業に対する新しい授業形態として、生徒たちの主体的な活動を伴う「アクティブ・ラーニング」を推進しようとしているが、サピックスではTAP時代からアクティブ・ラーニングが当たり前なのだ。

しかもサピックスの授業には休み時間がない。食事をする時間もない。4・5年生は17時から20時まで、6年生は17時から21時までぶっ続け。サピックスの生徒たちはいわゆる塾弁を持たず、帰宅後に夕食を食べるのだ。

ただし、頭の回転の遅い子にはやはりつらい。授業の途中でわからなくなったらあとはわけもわからず怒濤の中を彷徨う羽目になる。やはり学力上位層向けのシステムと言える。

知識の詰め込みでは難関校には受からない

ここで中学受験に関するよくある誤解を解いておきたい。中学受験をよく知らない人たちの間には、中学受験勉強は無味乾燥な知識の詰め込みであって、そんなことをしても何の意味もないという思い込みがあるらしい。しかしそれは違う。

自分が私立中学校の校長であると想像してみてほしい。機械的に知識ばかりを詰め込んだ頭でっかちな生徒をわざわざ集めたいと思うだろうか。知識量よりも、思考力や好奇心やポテンシャルを持っている生徒を集めたいと思うはずだ。しかも学校の教育理念に合う生徒を見極めたい。そのために各校は毎年趣向を凝らした入試問題を作るのである。

特に難関校ほど単純な計算問題や知識量を問う問題は出題しない。つまり単なる知識の詰め込みでは太刀打ちできないようにできているのだ。だからサピックスのような授業で鍛えられた生徒が力を発揮する。

親の関与度が高い

谷口愛さん（仮名）の息子・圭司くん（仮名）はサピックスから私立の武蔵に入学した。できるだけ塾漬けにはしたくないとの思いから、小4まではZ会の通信教育を受けさせた。ときどきサピックスや四谷大塚や日能研の模試を受けて、通塾組との学力差が開いていないことを確認した。

小4の終わりごろにさすがに限界を感じ、通塾を検討し始めた。愛さんは最初にサピックスを候補から外した。サピックスは親の関与度が高く、「自分には無理」と思ったからだ。

教材は製本されておらず、毎回の授業で配付される。その大量のプリントを整理するのは、どこの家庭でもたいがい親の役割となる。しかも大量に出される宿題の意図を理解し、優先順位を決めて効率的に子供に取り組ませなければいけない。要するにタスク＆スケジュール管理も親の役割だ。

このような親の負担はサピックスに限ったことではないが、特にサピックスにおいては「中学受験勉強の主役は親子。塾はサポート役でしかない」というスタンスが明確で、場合によってはドライな印象を受ける保護者も多い。

「ましてや中学受験勉強なんて私が教えられるわけがないと思ったので、サピックスはまっ先に候補から外しました」と愛さん。

しかしいくつかの塾を回ってみると、圭司くん本人が「サピックスがいい」と言い出した。理由は2つ。1つはサピックスの授業がいちばん本質的なことを教えてくれていると感じたから。ほかの塾の体験授業では安易に公式を当てはめるような教え方をされた。

「そういう塾はダメだって、お母さんが言ってたでしょ」とのことだった。もう1つは自分がいちばん上のクラスではないから。サピックス生のレベルの高さを身をもって感じ、「ここに入ったらがんばらざるを得ない」と考えたからだ。そのように主体的に考えることができて、自分の意見をはっきり言える子供なら、サピックスには向いている。しかも圭司くんの場合、覚悟も伴っていた。

サピックスに向いている子供の条件として、サピックスに長年勤務した元講師・鈴木泰介さん（仮名）は、「親子の会話が豊富で、親といっしょに物事を考える習慣がある子。そして低学年のうちから学校以外の勉強を家でする習慣がある程度身についている子」を挙げる。逆に母親が一方的に喋り倒すようなタイプだとうまくいかない場合が多い。子供に受け身になる癖がついてしまって、サピックスの雰囲気になじめないのだ。

親が教えるくらいなら、できないままのほうがまし

愛さんも覚悟を決めた。「プリント管理とスケジュール管理は協力しましょう。でも教えるのは無理だからね」圭司くんにそう伝え、入塾を認めた。

その約束が良かった。子供をサピックスに通わせている家庭では、勢い余って親が教え込む場合も多いが、前出・戸塚さんは「親は教えないでほしい。サピックスの元講師でも

ない限り、たいていおかしな解き方を教えてしまい、子供が混乱し、ろくなことにはならない。親が教えるくらいなら、できないままのほうがまだまし」と言う。

また鈴木さんは「わからないところを家庭でフォローするのはせいぜい4年生までが限界でしょう。5年生以降は普通の親が教えるのは無理」とばっさり。

第1章に登場した「王道」の旅人たちもみな、親からはほとんど教えてもらっていなかったと口を揃える。逆に言えば、親が教え込めばなんとかカリキュラムについていくことは不可能ではないが、そもそも親の力を借りず課題解決ができるような子供でないと、本来はサピックス向きではないということなのかもしれない。

水泳にたとえれば、自力で泳ぐことのできる子供をそばで見守っているのと、自力では泳げずすぐに溺れそうになる子供を横から支えているのとでは親の負担はまるで違う。

これを書いたらサピックスの講師陣は怒るかもしれないが、そもそもひとりで泳ぐ力のない子は、サピックスに通うべきではないのかもしれないと、私は思う。私はサピックス以外の大手中学受験塾も多く取材している。それぞれに指導の特徴があり、一長一短がある。今は合格実績でサピックスがひとり勝ち状態なので、特に難関校志望者はサピックスに殺到しているが、みんながみんなサピックスに通う必要もないと感じる。

まだひとりで泳ぐ力が身についていない子は、バタ足から教えてくれる塾に通ってまずひとりで泳ぐ力を身につけたほうが、最終的にはより遠くまで泳げるということは十分にあり得る。いつまでも親の支えがないと泳げないようでは、仮に親の力で有名進学校に合格できたとしてもそのあとが心配である。

「基礎トレ」だけはしっかりやらせるべき

通常のパターンよりもほぼ1年遅く、小4の1月に、圭司くんはサピックスに入塾した。どうせならキリが良く、新小5のカリキュラムが始まる2月から入塾しても良かったのだが、そこは1カ月タイミングを早めた。「圭司はもともと20時には寝る子でした。それがいきなり週3回20時まで塾で勉強する生活になったら、体がびっくりしちゃうでしょう。週2回のペースから慣らしていこうと考えました」

谷口家のサピックス生活が始まった。

「授業中にかなり理解できているようでした。でもそれゆえに、授業中にやってもうわかったつもりになっている問題は家では全く解こうとしません。そういうところは頑固な子です。つい心配になって、これはやらなくていいのかと聞くのですが、会話になりません。

塾の先生から絶対にやりなさいと言われたこと以外はやろうとしません。圭司にとって『できたらやりなさい』は『しなくていい』という意味みたいです（笑）。その状況で、いちいち私が口を出していたらキリがないので、毎日取り組みなさいと言われている『基礎力トレーニング』をやっていないときだけは問答無用で叱るからねという約束をして、あとのことには目をつむることにしました」

鈴木さんによれば「これも親として正しい」。「基礎力トレーニング（通称・基礎トレ）」とは、現在授業で取り扱っている単元に関係なく、既習単元の基礎的なレベルの問題を毎日くり返し解くことで、過去に習った単元の知識や技能を錆び付かせないようにするための教材。基本レベルの問題ばかりで構成されているが、極端な話、これさえしっかりやれていれば、算数に関しては人気進学校に十分合格できる力がつくということだ。

「基礎トレをちゃんとやっているかどうかは、５年生以降であれば、毎週行う小テスト『デイリーチェック』の1の正答率を見ればわかります。親は、毎回の授業で実施する小テストの点数を見て、家庭学習が正しく行われているかどうかをモニターしてほしい。本人にやる気がないときには最低限の基礎トレだけでもやらせるようにモチベーションを盛り上げてほしい。勉強をやろうとしないときは、叱るのは逆効果になるので良くはないけれど、言い続けることを諦めないでほしい」と言う。親はつかず離れず子供を見守るくらいの距離感でいるのがちょうどいいということだ。

ときどきどうしてもわからない問題があるときは父親が教えることもあったが、父親も中学受験の経験者ではない。「解けるには解けるけど、どうやって教えていいのかわからない様子でした」と愛さんは笑う。父親の助けが必要になることもごくたまにしかなかった。授業後には「質問教室」という質問タイムが設けられてはいるが、「帰るのが遅くなるから嫌だ」と言って圭司くんはほとんど利用しなかった。

塾に行くのが怖い……

「最初から全力疾走したら力尽きてしまうでしょう。全力疾走はラストスパートだけでいい。それまではマイペースを保ってゆるゆるやろうと決めていました」

作戦通り、圭司くんは、最初の1年は上から3分の1くらいのクラスにいた。そして5年生の2月になって初めて「αクラス」に入ることができた。圭司くんが通っていた自由が丘校は24クラスある大規模校で、その上から6クラスが「α」だった。無理なく力をつけてきた効果が現れ始めた。

しかし2月の下旬、圭司くんが突然「塾に行きたくない」と言い出した。思いつめた表情で涙を浮かべ、結局その日は塾を休んだ。

初めての「α」。しかも上の学年の受験が終わり、いよいよ自分たちが新6年生になるタイミング。講師も、より一層の緊張感を持つようにと発破をかけたのだろう。「α」のあまりの緊張感に怖気づいてしまったのだ。「自分が怒られるわけじゃないけれど、まわりのお友達が怒られるのを見ているのも怖い」と泣いた。

塾を休んだのは結局1回だけで、次からはなんとか通塾したものの、圭司くんの足取りは重い。息子の動揺を見て、愛さんも動揺した。もう少し小規模な校舎に移るか、転塾するかを考え、サピックスの先生にも相談した。「別の校舎に移ることも可能ですが、やはり自由が丘校には優秀な生徒が集まっていますから、鍛えられますよ」と諭された。春期講習までは様子を見ることにした。

結局「塾の帰り道が楽しいから、今までのお友達といっしょに自由が丘に通う」と圭司くんが決めた。「まわりのお友達が怒られるのは気にしなければいいんだ」とも言った。

「ああ、この子は乗り越えたんだなあと感じました。中学受験には厳しい面もありますが、その分やはり子供は精神的にも成長するんですね」と愛さん。

サンデーサピックスに通わないという選択

6年生になってから、塾のお友達に誘われて武蔵の文化祭に行った。そこで武蔵のファンになった。それまで芝か都立の桜修館を志望校に考えていたが、武蔵を第1志望にすることに決めた。

一方で、サピックスのGW特訓には参加しなかった。実際の入試問題を解いてみて、自分たちの実力と最終的に身につけなければいけない学力との差を体感させる目的の講習であるのだが、「不通塾事件」のあとでもあったので、「今いきなり難しい問題をやらせたら心が折れてしまうかもしれない」と考えて、大事をとった。

まわりのみんなが受講する講座を切るというのは勇気が要る決断だ。それでも夫婦で話し合い、「それくらいで合格できなくなる学校なら行かなくていい」と腹をくくった。

夏の志望校別特別講習の「武蔵」コースは渋谷校で実施された。圭司くんも渋谷まで通った。しかしいつもの自由が丘校の「αクラス」ほどの活気がない。サピックスにおいて武蔵志望者は少数派。いつものクラスより、どうやら少し低いクラスのメンバーが集まっているようだった。

ここでも谷口家は思い切った判断をする。2学期以降、週末の志望校対策については、サピックスの「SS（サンデーサピックス）」ではなく、早稲田アカデミーの「NN武蔵」を受講することにしたのだ。「NN」は早稲田アカデミーの看板コース。志望校別に「何がなんでも」合格するための対策を行う。特に武蔵のコースには定評があり、圭司くんのように、他塾から「NN」だけ受講する生徒も多い。実際に授業を受けてみて、圭司くんが「NN」を選んだ。

「SS」を受講せず「NN」に通う旨をサピックスに報告したときには、「渋谷まで通わなくても、自由が丘で個別に過去問指導しますから」と引き留められた。でも、「しつこくはなかった」と愛さん。谷口家の決意が本物だと見ると最後は「でも、ちゃんと武蔵の勉強はするんですよね。それなら大丈夫でしょう」と言ってくれた。

塾側の思惑としては、それによって圭司くんの武蔵合格が早稲田アカデミーにもカウントされてしまうことは面白くないけれど、サピックスの合格実績が減るわけでもないからまあいいかということになる。

塾に振り回されない、ぶれない中学受験をまっとうし、圭司くんは見事武蔵に合格した。

予習をしてもその日のうちに抜かれてしまう

なぜサピックスでは学力上位層がさらに伸びるのか。塾の指導方針を前出・鈴木さんに聞いた。鈴木さんは算数の担当だった。

いちばん大きな特徴は2つ。討論型の授業と復習主義。

「公式の丸覚えはさせません。いきなり最短ルートを教えるのではなく、いろいろな生徒の解き方を共有し、あえて解法に幅を持たせて教えます。最短ルートでは解答にたどり着けないと思った場合でも、別のルートを探れるようになってもらうためです」

予習をさせずに復習に重点を置くのは、授業に集中して、授業の中でできるだけ吸収してほしいから。予習をしてきてしまうと、子供は「これやったことある」「これ解けた」と思って油断してしまう。ほかの友達の解法を知ろうともしなくなる。それでは討論型の授業も成り立たない。

「それに予習をしてきたところでみんなより早く問題が解けて余裕を感じるのは最初だけで、その日のうちにほかの生徒に抜かれてしまいます。そういうことをくり返していると、長期的に見ても伸びなくなる可能性が高い」

討論型の授業も復習主義もＴＡＰ時代からの伝統である。当時、四谷大塚がその象徴的教材である「予習シリーズ」で中学受験のスタンダードを築いていた。四谷大塚では「予習が大切」と指導していた。他塾でも同様だった。そこへのアンチテーゼとして、TAPは復習主義を打ち出したわけだ。そして今、中学受験の大きな流れとしては圧倒的に復習主義が主流になっている。

復習と予習どちらが大事か？

かつて四谷大塚を取材したときには次のような話を聞いた

「復習主義のほうが学習効率はいいということは四谷大塚でも認識されています。それでも四谷大塚は予習にこだわります。だって世の中で問題にぶち当たったとき、すぐに誰かが解法を教えてくれるなんてことはないわけです。まずは自分で何とかしようと思わなければいけない。わからなければ、『？』を抱えたまま教室に来てほしいんです。そこで『？』が『！』に変わる感覚を味わってもらいたい。私たちの教育理念は志望校合格ではなく、未来のリーダーを育てることです。誰かに言われて動くのではなく、自分で解決法を模索できる人こそ、未来のリーダーです」

しかしサピックスも全く同じようなことを言う。

「社会に出たら解いたことのない課題と毎日向き合わなければいけないわけです。初見の問題を前にして、ひるまず果敢に取りかかるたくましさが必要です」

全く同じ理屈が真っ向から対立する。

かつては予習型に学力上位層が集まっていた

サピックスでは初見の問題にみんなで取り組む。とにかく手を動かし、誰が最初に解けるかを競い合う。時にはアイディアを出し合って、いろいろな解決法があることをお互いに学ぶスタイル。今流行の「学び合い」「コラボレーション型」の授業である。

ただし「？」を抱えたままの時間は短い。その分くり返しの演習に時間を使うことが可能で、そのほうが記憶の定着率がいいことは科学的にも明らかになっている。短期的な成果を比べれば、復習型に分があることは明らかだ。

ちなみに関西の中学受験でひとり勝ち状態にある浜学園も復習主義だ。もっと言えば、演習主義。テストの形式で問題を与え、時間を決めて「よーい、ドン！」とやって問題と真剣に格闘しているときがいちばん学力が伸びる時間という思想がある。

一方、四谷大塚がイメージする予習とは、初見の問題にたった1人で取り組み、わからなければテキストを読み込むことで理解しようとすること。未知なる物質に出あい、それが何かを調べるために図書館に籠もって書物を読む学者の行為に似ている。今で言うところの「反転授業」にも似ている。実際アメリカの名門大学などでは、授業の前に大量の課題図書を読んでくることが前提になっている。

予習型の場合、「?」を抱えたまま悶々とした日々を過ごさなければいけないことが多い。第1章の最後に述べた問いを問いとして抱え続ける力が鍛えられることが想像できる。

ただしそのような学習スタイルを実行するには相当な知的体力を要する。かつて四谷大塚が学力上位層をもっと多く集めていたときにはそれが可能だった。知的レベルがもともと高く、突破力を持つ生徒が、独力でテキストを読みこなし、授業に参加し、疑問点を解消することで鍛え上げられ、ある意味「順当」に、難関校に合格していったのだろう。

予習ができない中学生

しかし近ごろでは、難関校の教師が口を揃えて嘆く。「今から20年くらい前から生徒の質が変わりました。予習ができないんです。いちいち指示を出さないといけない。学力も下がっている」少子化が進み、同世代間競争が緩和し、最難関校ですら集まる生徒の質が低下してきたという背景はもちろんあるが、もしかしたら、中学受験のスタイルが予習型から復習型に移行したことも影響しているのではないかと私はにらんでいる。

逆に、復習型の中学受験スタイルが広まり洗練されてきたことで、20年以上前であれば難関校に合格することが難しかったような子供でも、言われたことをコツコツやりさえすれば、難関校に合格できるしくみが整備されたと言うこともできる。努力によって逆転がしやすくなったわけである。

これでもかと復習をくり返すシステム

復習主義を謳う塾が多い中、サピックスの復習主義は特に徹底している。5年生の算数を例にして復習の具体的な方法を説明する。

授業では、「デイリーサポート」と呼ばれるプリント教材をメイン教材として使用する。メイン教材といっても、5年生以降の算数に関してはほとんど問題しか掲載されていない。授業中の解説を聞き漏らさないように集中してもらう狙いもある。

サピックスの1回の算数の授業は、A授業とB授業の2コマで構成されている。B授業が新単元への導入授業。A授業は前週のB授業の続き。

「デイリーサポート」にはあらかじめ全く同じ問題が各ページの表裏に印刷されている。数字も全く同じ。授業の復習として、帰宅後すぐにこれを解くことが1回目の復習に当たる。

ちなみにサピックスでは「宿題」という表現を使わず「家庭学習」と言う。言われてやるものではなく自らやるものというニュアンスを込めている。

家庭学習用教材は「デイリーサピックス」。全部やりきるのは難しい。家庭学習の量とレベルの設定はクラスごとに担当講師が判断する。それでもやりきれない場合は、難易度を表す星マークを参考に、家庭で親と相談しながら優先順位を決め、1週間かけて取り組む。

翌週のA授業の時間に前週のB授業で学習した単元の確認テストがある。5年生では約25～30分間。それを「デイリーチェック」と呼ぶ。さらに翌週の授業の前には約25分間の「基礎力定着テスト」がある。2週間前のB授業で学習した内容から出題される。つまり、1回のB授業で学習したことについて、その後2週にわたって連続で小テストを実施するのだ。

さらに、単元学習進行中の4・5年生に関しては、5週に1回「総合回」が設定されている。過去4週にわたってB授業で学習した項目のおさらいだ。総合回についても「デイリーチェック」と「基礎力定着テスト」を実施する。

前述の通り、家庭学習用教材としては「基礎力トレーニング」もある。いわゆる1行問題と呼ばれるような基本問題で構成されている問題集で、1日1ページやればいい。直近の授業で習ったことだけではなく、既習事項がくり返し出題されているので、これを毎日コツコツとやることで、数週前や数カ月前に学習したことを定期的に思い出すことができるように設計されている。

さらに月例テストも実施し、徹底的に忘却曲線にあらがう。

まるで漆職人が、漆を塗っては乾かし、何重にも塗り重ねていくように、時間を空けては何度も復習をくり返し、学力を定着させていくのがサピックスの算数なのだ。国語の漢字や語句、理科と社会の知識についても似たような学習サイクルがある。

そのサイクルをくり返し、算数、国語、理科に関しては、5年生のうちに中学受験で必要になるすべての単元を一通り終えてしまう。6年生になると「土曜志望校別特訓」が始まる。2学期からは「難関校サンデーサピックス特訓」が始まる。ひたすら演習をくり返し、実践力を鍛える。サンデーサピックスでは志望校別講座から1コース、単科講座から

2コースを選択する。

さらに4回の「合格力判定サピックスオープン」や「学校別サピックスオープン」で仕上がり具合を試す。

サピックス入塾前にすべきこととは?

「なるほど。これだけ丁寧に復習をくり返すから難関校に合格できるのか」と思うかもしれない。第1章の中村さん、土井さん、田中さん、この章の谷口さんなどが、サピックスを上手に活用しそれぞれの第1志望を射止めたのを知ると、サピックスに行けば誰でも御三家に入れるのではないかという気がしてくるかもしれないが、そんなに甘くはない。

サピックスに入ってはみたものの、下のほうのクラスに入れられたままいつまで経っても成績が伸びず、親がつきっきりで勉強を見るものの、ふがいないわが子に罵声を浴びせるばかりになってしまうケースもある。大量の宿題に埋もれ、何から手をつけていいのかわからなくなってしまう親子もいる。

「塾ソムリエ」として知られるプロ家庭教師の西村則康さんは、「サピックスに入るのなら、低学年のうちに先取り学習をしておかないと厳しい」と指摘する。たとえば谷口さんがZ会の通信教育を受けさせていたり、中村さんが公文に通っていたりしたように、学校以外のちょっとレベルの高い学習をして処理能力をある程度上げておかないといけないというのだ。

サピックス自身も、最近では低学年からの入塾を奨励している。かといっていきなり復習主義で詰め込むわけではない。早めに子供を預かることができれば、4年生になったときに必要になる処理能力や学習習慣を、事前につけさせることができるからだ。

いずれにしてもいきなりサピックスは無謀。「王道」への第1歩を踏み出す前に、助走期間が必要ということだ。

十分な力がないのにサピックスにいきなり飛び込んでしまうと面食らう。わけもわからないまま時間だけが過ぎ、成績もクラスも一向に上がらないということもある。「そんなときはもう少し負担の軽い塾への転塾も検討すべき」と西村さん。

それなのに、親がサピックスのブランドにこだわると、いつまでも子供がつらい思いをする。子供だって知らない塾に移るのは怖い。プライドだって傷つく。だから「サピックスがいい」と当然言う。しかし時には親が客観的な判断を下す必要もあるということだ。一旦「王道」から離れるのは勇気の要ることではあるが、「急がば回れ」ということもある。

塾に通うために通う塾

サピックスに通う親子をサポートする個別指導塾もある。塾に通うためにもう1つ塾に通わなければならないと聞くといたたまれない気持ちになるかもしれないが、それも現実だ。

サピックス自由が丘校から徒歩約5分の雑居ビルの1室に、個別指導塾SS-1の東京自由が丘教室はある。パーテーションで仕切られたブースが9つ。授業は1回80分間。私が教室見学に訪れたとき、9ブース中少なくとも6ブースをサピックス生が占めていた。

講師と生徒が1対1で「デイリーサポート」や「サピックスオープン」「サンデーサピックス志望校別特訓」の問題に取り組んでいる。その後ろには、生徒の保護者も同席している。

「ただ問題の解き方を教えるのでは意味がありません。それでは単に家庭学習のお手伝いをしているだけです。成績が上がっていないのであれば必ず原因があります。その原因を分析し、いつまでにどういう方法で課題を克服するのかをカウンセリングし、具体的な計画に落とし込んでいくところに、SS-1の真骨頂があります。SS-1の教室内で教えることが目的ではなくて、それをきっかけにして学習サイクルを最適化することが目的です。ですからやたらと授業時間を増やしたりはしません。子供が何をしているのか、何をしなければいけないのかを、保護者にしっかりと理解していただく必要があるので、保護者の見学を強く推奨しています」と代表の小川大介さん。

小川さんはもともと関西の大手中学受験塾で教室長をしていた。2001年に関西でSS-1を立ち上げ、浜学園や日能研の生徒たちをサポートしてきた。2010年に東京進出。現在東京自由が丘教室の6年生は満員。保護者のカウンセリングだけ受け付けているという盛況ぶりだ。「サピックスのような中学受験塾に通っているお子さんをサポートするためには、前提として、集団指導の塾のしくみを知り尽くしていなければいけません。そのうえで、生徒を見て、どうして力が発揮できないのかを分析します。サピックスの場合は、膨大な宿題量とハイレベル・ハイスピードな授業と、頻繁に実施されるテストとそれに伴うクラス替えのプレッシャーのいずれかがハードルとなっている場合が多い」

子供をサポートする方法を保護者に教える

6年生の後半になって駆け込み寺的に利用されるケースが多いが、もっと早い時期に相談に来てくれれば、早い段階から塾と保護者と生徒本人のバランスを調整し、効果的な学習サイクル、やるべきこととやらなくていいことの区別、子供の長所を活かした勉強法などを提案できるという。要するに、SS-1の仕事は、子供に勉強を教えることではなく、保護者に中学受験生へのサポートの仕方を教えることなのだ。

家庭教師をつける場合にもただ問題の解き方を教えてもらうだけではダメだと小川さんは言う。SS-1と同様に、学習サイクルの最適化をコンサルティングできるのが本当のプロの家庭教師であるということだ。

SS-1の保護者相談会を見学したときのこと。1人の父親が、なかなか成績の上がらない娘について、文字通りの血眼で小川さんを質問攻めにしていた。「何をやってもダメで、どうしても理解してくれなくて、どうしても怒鳴ってしまうんです。どうしたらいいんでしょうか」小川さんは極めて冷静に父親をたしなめるが、「いや、でも……」と堂々巡り。あのときのあの父親の形相が、私は今でも忘れられない。彼の娘もサピックスの生徒だった。

自分の娘は「王道」を歩んでいる。なのに成績が上がらない。その焦りが、親を追いつめる。追いつめられた親は子供を追いつめる。そんな悪循環を脱するために、やってきたのである。

クラスの昇降を気にするのは親のほう

臼井隆也さん（仮名）は、息子・文俊くん（仮名）が第1志望合格を逃したことを、今でも自分の判断ミスだったと悔やんでいる。

1つめは小3の春に、サピックスの入室テストを受けたとき。合格最低点を余裕でクリアしていたので、「まだ大丈夫」と思って1年間入塾を先延ばしにしたこと。「α」には到底届かない、下から3番目のクラスからのスタートとなってしまった。「なんのためにここに来たのかわからない」と感じた。なんとか3カ月で「α2」まで上がることができたが、負担が大きく、文俊くんが「塾に行きたくない」と言い出したこともあった。

2つめは小4の夏休みに講習を1週間休んで家族で伊豆旅行に行ったこと。「サピックスでは夏期講習中も新しい単元に進むので、1ターム抜けるときつい。旅行から戻って、抜けた分を取り返しながら、今やっている単元の課題もこなすのに苦労して、学習ペースが乱れた。それでクラスが落ちたんです。今思えば、あのとき目標から1歩遠ざかったたんだという感じがするんです。あの遅れがなければその先の成績の軌道が違ったのではないか思う」と言う。

月例テストでのクラスの昇降はサピックスの代名詞みたいなものだ。クラスの上下がそのまま子供の「身分」を決めるような印象を与えることがある。特に保護者同士の間において。親のほうがクラスの昇降にピリピリしやすい。

文俊くんも初めてクラスが落ちたときこそプライドが傷ついた様子を見せたものの、下のクラスに行けばいちばんできることがわかり安心すると、その後はクラス昇降をそれほど気にしなくなったという。もともと勝ち負けを競うのが好きなタイプなので、ゲーム感覚でクラスのアップダウンを楽しめるようになった。クラスが落ちたときこそ、親子で作戦会議を開き、どうやって元のクラスに戻るのかを話し合った。

「その意味ではうちの子はサピックスに向いていたのだと思います」と隆也さん。

6年生の後半は「土特」と「SS」

3つめの後悔は小5の夏休み。やはり講習を休んで、今度はイタリアに旅行したこと。

「小4のときに大変な思いをしていたのですが、小6になったらもう絶対に行けないしと思って決断しました。当時成績がそこそこ安定していたので油断もありました。結局小4のときと同じです。遅れを取り戻すのに数カ月。その間成績を上げることができませんでした。これもあとあとまで尾を引いたと思います」

足を引っ張るのはいつも国語だった。算数は母親が見ていたものの、国語は本人任せだった。そこで小5の秋から、国語に関しては隆也さんが見ることにした。幸い塾のない水曜日が隆也さんの休みの日だったので、その日を国語の日に当てた。すると国語の成績が上がった。

「もっと早く見てやれば良かった……」これが4つめの後悔だ。

算数にしても国語にしても親が教える必要はなかった。何をやればいいのか指示をして、やっていなかったらやるようにと仕向けることが重要だと隆也さんは言う。最終的には理科も社会も隆也さんが見ることにした。

隆也さんは毎朝出勤前に、その日のうちにやるべき課題のリストを文俊くんに渡すようにした。1つの課題が終わるごとに、そのリストに棒線を引き、消していく。2人の間ではいつしかそれを「ケシ」と呼ぶようになっていた。出張の前には日数分の「ケシ」を作ってから出かけた。

不運もあった。前述の通りサピックスでは6年生の2学期以降、週末は「土曜志望校別特訓（土特）」と「難関校サンデーサピックス特訓（SS）」で埋まる。

土曜日も日曜日も志望校別コースにはなっているが、実際のところ、本当の意味での志望校対策を教えてくれるのは日曜日のほう。土特は志望校の対策というよりは学力別の演習講座の意味合いが強い。

文俊くんの場合、第1志望は栄光、第2志望が駒東だったが、通っていた校舎には「SS」の「栄光」コースがなかった。そこで、「土特」で「麻布・栄光」のコースを選択、「SS」では「駒東・聖光学院」のコースを選択した。つまり第1志望である栄光への対策が中途半端になってしまったのだ。

個別指導塾も利用すべきだった

それでも志望校の入試そっくりの形式で行う模試「学校別サピックスオープン」では合格間違いなしの成績をとることができた。栄光で30番、駒東で10番。しかしそれが油断につながった。

文俊くんは急に隆也さんに反抗するようになった。「お父さんと勉強するのは嫌だ」と部屋に閉じこもって内側からカギをかけてしまう。これでは隆也さんも手の出しようがない。焦っただろう。SS-1の保護者相談会で見た父親のような形相をしていたのではないかと想像する。

「そんなことをしている間にみんなは勉強しているんだぞ。ここでロスしたことで、中高の6年間が変わってしまうかもしれないんだぞ。それが一生を変えるかもしれないんだぞ」と語りかけたが虚しかった。

このときのタイムロスも結果に悪影響を与えたと、隆也さんは今でも思っている。個別指導など第三者の手をもっと早く借りておくべきだったとこれも後悔している。5つめの後悔だ。

そんな折、6つめの後悔は、栄光のオープンキャンパスに参加しなかったこと。隆也さんの判断で週末の授業を優先させてしまった。少しでも勉強させたい思いからだった。

「あのとき栄光を見に行っていたら、モチベーションが上がっていたのではないかと思うのです」

それでもなんとか第1志望に受かるんじゃないかと、隆也さんは思っていた。結果は「まさか」であった。文俊くんは今、栄光でも駒東でもない学校の中学3年生。多くの中学受験生が憧れる超人気校ではあるが、隆也さんの自責の念はいまだに消えない。

決してドライな塾じゃない！

ただし、中学受験をしたこと、サピックスを選んだことには100％満足している。

「中学受験を通して子供は大きく成長したと思います。勉強の仕方が身についたと思います。それにサピックスでの勉強は、当初イメージしていた詰め込みとは全く違いました。想像以上に視野の広い勉強です。暗記科目と言われる社会であっても『どうしてこうなるの？』を徹底的に考えさせるのです。教材は親が読んでも面白い。中学受験生はこんな面白い勉強をしているんだと感心しました。中学受験生たちが『塾の勉強は面白い』と言うのは決して嘘じゃないんですね」

隆也さん自身は中学受験の経験がない。だからこそ、サピックスのメソッドを素直に理解し、文俊くんをサポートすることができたのかもしれない。

「サピックスはドライな塾だと言われているみたいですが、そんなことありません。すごく親身になって相談に乗ってくれました。それにびっくりするくらいに子供たちのことを見ていて、性格まで把握しているんです。親が不安になって質問すると、子供の個性や今の心理状態までを踏まえて適切なアドバイスを返してくれました。それがどれだけ頼もしかったことか。正直に言うと、ごくたまに『何だコイツ』と思うような先生もいましたけど（笑）」

費用は3年間で約250万円

志望校の相談についてはどうか。たとえば神奈川では栄光よりも聖光学院を薦めるケースが多いとも聞くが。

「志望校の押し付けは全くありませんでした。サピックスはレベルが高いから、合わない場合は転塾も考えたほうがいいというアドバイスも見ますが、私の知る限り、転塾して良くなったという子は聞きません。最後までしがみついてでもサピックスに通い続けた子は、下位のクラスでもそこそこの学校に受かっています。レベルの高いところに居続けるからこそ、なんとか踏みとどまることができるのではないでしょうか」

費用面での負担はどうだったか。サピックスに通うと、4年生では年間約60万円、5年生では約70万円、6年生では約120万円がかかると言われている。

「中学受験塾としてはどこの授業料も似たり寄ったりですよね。サピックスにはオプション講座も多くないし、個別指導を薦められることもありませんでした。想定外の出費というのは全くありませんでした。最初に示された通りの明朗会計です」

サピックスに対する中高一貫校のジレンマ

中学入試での合格が人生のゴールでないことは言うまでもない。では、サピックスで鍛えられた子供たちを引き受ける難関校の教師たちは、サピックス出身者をどう見ているのか。数名の有名進学校の教師に話を聞いた。彼らが所属する学校のほとんどは、生徒の半数以上がサピックス出身と推測できる学校である。

某女子校の国語教師は「個性的で面白いのに消極的な子が目立つ」と言う。「こっちが何を求めているのかに敏感なんです。常に『正しい答え方』を気にしているような気がします。特に国語ではそれが表れやすいんです。せっかく正解がない問いを投げかけているのに、正解を確信できるまで発言できない。そして正解を見つけるとすぐそれに飛びついてしまう。正解を見つけるのが上手だと学校とか受験システムの中では勝ち続けることができるでしょう。親も喜んでくれます。でも、それは私たちが育てたい人物像とは異なります」

某男子校の理科教師は、「小手先のテクニックだけで入試を突破しちゃったのかな？と思う子がときどきいます。学校ではテクニックを教えてもらえないから、手も足も出ず、赤点だらけになってしまうのです」と言う。

「おそらく学力は高く、特に知識量や処理能力に優れた生徒が多い気がする。ただ、一時期私たちの学校への入学者の学力層が低下した時期があった。そのころには、じっくりと考えて、泥臭く作業するスタイルのうちの学校の教育方針には合わない子が増えた印象がありました。偏見かもしれないが、特に学力が高い子でない場合、詰め込み式の学習に染まってしまうことも多いのではないか」と言うのは某男子校の英語教師。

別の男子校の数学教師は、「解き方を教えて、それを何度もくり返しやればたしかに難しい問題でも解けるようにはなるでしょう。でもそれは教えてもらったことを再現する力を鍛えているに過ぎません。そんなことをしたら、子供らしい自由な発想が育たなくなるのではないでしょうか」と懸念する。

彼はまた次のようにも指摘する。

「サピックスにいても適当にサボることができるような余裕のある子、すなわち知的レベルがもともと高い子にはとてもいい環境なのだと思います。でも、余裕がない子はますます勉強を楽しめなくなる。受験では割り切りも必要です。しかし心のどこかで『これって本当にやる意味があるのか』という葛藤があったほうが健全です。その違和感があるから、自分が本当に興味を持てるものに出あったとき、『これだ!』と覚醒するのです。その点、サピックス出身の生徒を見ていて気になるのは、勉強を『作業』として淡々とこなす姿勢が身についてしまっていることです。勉強をしている姿に躍動感がないんです。やる気が湧いてこないときでもルーティンとして勉強に取り組むこと自体は素晴らしいことですが、それだけでは『後伸び』する可能性は低い。もしかしたら中学受験勉強の中で、大事なものを捨ててきてしまったのではないかと心配になります。サピックスでも上位の子はいいんです。なんとかしがみついてサピックスに通っていたような子供には特に不安を感じます」

総じて、「学力の高い子にはいいが、そうでない子がサピックスに通った場合、弊害も大きい」という評価である。

あくまでも各教師の印象でしかない。これをすべてのサピックス生に当てはめるのは間違いだ。今までこれらの難関校に入れなかったような子が、サピックスで鍛えられたために入学してくるケースが増えたことで、出会うことの少なかったタイプの生徒が増えただけとも考えられる。

また、これらの特徴が本当にサピックスの影響によるものかも知るよしがない。教師たちはむしろ一方では「うちの生徒たちは素晴らしい」とも言っており、彼らの半数以上もまたサピックス出身者なのである。

優秀な生徒を集めたいと思う一方で、未来の教え子に過酷な受験勉強をしてもらわなければならない。中高一貫校の教師のジレンマのようにも聞こえる。

名門校を揺るがしたサピックスからの手紙

ある男子校の入試広報担当教師は「現在、サピックスは中学受験の最上位層をほぼ集めているのではないか。そうなると学校としてもサピックスの影響力は無視できない」と言う。

ある男子校の理科教師は「サピックスは志望校の押し付けはしないと言っていますが、実際には、東大進学実績のいい順番にいい学校であり、そういう学校に強い塾であることをアピールするメッセージが暗に込められた資料を、入塾説明会などで配付しています。実際に押し付けはしなくても、そういう価値観を刷り込むことはできてしまっているのでしょう」と言う。

中学入試でどれだけ優秀な生徒を集められるかは、その学校の6年後の大学進学実績に如実に影響をおよぼす。これは業界では常識とされていることだ。中学入試のための模試の偏差値と、大学入試のための模試の偏差値の間にも強い相関があると言われている。

「6年間、どんなに学校ががんばっても偏差値をせいぜい10くらい上げるのが限界」とある教師は言う。こう言っては身も蓋もないが、「優秀な子は優秀」なのだ。

サピックスが学力上位層を集めているとするならば、学校としても本音では彼らがほしい。「予習ができない」などの悪い癖があるのだとしたら6年間の中で直せばいい。ところが、サピックスにそっぽを向かれれば、自分の学校に優秀な生徒が集まりにくくなる。たった1つの塾が、学校の生徒の質を変える力を持つ可能性があるのだ。

「今から7〜8年前のことです。こんなことがありました」

神妙な面持ちで、やや躊躇しながら、その教師は語り始めた。

「ある日、校長宛の書簡が届きました。サピックスの職員からでした。中には7枚にもおよぶ長文の手紙が入っていました」

それがサピックスの総意として送付されたものなのか、一部の職員による勇み足なのかまでははわからない。いずれにしても主旨は次のようなことだった。

「貴校の入試問題は癖がありすぎて努力した子供が報われないこともある。努力した子が報われやすい、もっと素直な問題に出題傾向を改めない限り、志望校を迷っている生徒に貴校をお薦めすることはできない」

できたばかりの新興校に対するアドバイスならまだわかる。しかしこの学校は押しも押されもせぬ名門校である。もう何十年も変わらぬ方法で生徒を集め、学校文化を築いてきた。

教師たちも揺れた。緊急の会議を招集した。結果的には「今まで通り自信を持ってやっていこう」という結論になったし、実際に出題傾向を変えてはいないが、「塾からどう見られるか」は常に頭の片隅で意識するようになったと言う。

塾と学校の抜き差しならない関係

麻布や灘の入試問題のような、一癖も二癖もある問題が大好きで、その魅力を子供たちに伝えることが何よりの喜びであった講師たちが立ち上げたのがサピックスという塾であったはずだ。このエピソードを聞いたとき、サピックスらしくないと私は感じた。7〜8

年前というから代ゼミ傘下に加わる前の話である。あるいは生徒の努力が報われてほしいと願うまじめな一部の職員に勇み足があっただけの話かもしれない。

しかしこのことから、中学受験における学校と塾の力関係がまるで逆転していることがうかがえる。

この力学がまかり通るなら、中学入試問題から多様性がなくなる。であればそもそも個別の中学入試などする必要はなくなる。塾の模試の成績を提出させればいいのである。あるいは各校共通のセンター試験のような入試を実施すればいいことになる。

しかしそれでは私学の多様性が損なわれてしまうだろう。あえて高い学費を払って私学に進む魅力はなくなる。そうなれば、中学受験という文化は衰退する。それはサピックスをはじめとする中学受験塾にも直接的なダメージを与えることになるはずだ。

かつて塾は、人気進学校の入試問題をつぶさに研究し、一生懸命にその意図を探った。塾の生徒たちをなんとか入れてもらおうとした。しかし今、塾と学校は、抜き差しならない関係にある。

第3章 鉄緑会という秘密結社

開成や桜蔭の躍進の陰に鉄緑会あり!?

鉄緑会の創立は1983年。名前の由来は東大医学部の同窓会組織「鉄門倶楽部」と東大法学部の自治会「緑会」。端的に言えば、東大の医学部と法学部に入るための登龍門ということである。東大医学部や法学部の学生や卒業生が集まって作った。

当時は、大手予備校でタレントのような講師が数百人という生徒を一斉に教える「劇場型」スタイルの授業が流行していたころ。その画一的な指導に疑問を抱いたメンバーが、もっと効率の良い、少数精鋭のエリート育成塾を作ろうと考えたのだ。

共通一次試験が始まったのが1979年。1990年にはそれがセンター試験に呼び名を変える。1学年の人数が200万人を超える第2次ベビーブーマー世代が中学生になったのが1980年代中ごろ。バブル景気が1980年代後半から1990年代のはじめ。塾を始めるうえで、強力な追い風が吹いている時期でもあった。

「当時、東大理Ⅲ合格者の大半は灘からラ・サール出身者で、開成からはほとんど入っていませんでした。現在は開成からも毎年多数の理Ⅲ合格者が出ています」と言うのは鉄緑会の会長・冨田賢太郎さん。現在の東大理Ⅲの合格者に占める鉄緑会出身者の割合は第1章で示した通り。

共通一次試験が始まったことや、男女雇用機会均等法の制定により「女子だって東大」という意識改革が起きたことと相まって、桜蔭の東大合格者が増え出したのも1980年代。初めて全国高校別東大合格者数ランキング20位に桜蔭が入ったのが1989年。くしくも鉄緑会ができて6年後のことである。

東京の有名進学校の大学進学実績を、鉄緑会が底上げしている可能性がある。

人気進学校を査定して「指定校」を決める

特徴的なのはまずなんと言っても指定校制度である。13の指定校に合格した子供たちは中1の春に入塾する場合にのみ「入会選抜試験」を免除されるという特権を得られる。

指定校はときどき入れ替わる。東大合格実績の高い順に指定するのかと思いきや、必ずしもそうではない。「実際に在籍している生徒の学力を見て、適宜判断しています」とのこと。

たとえば、今や御三家と肩を並べる人気で、2015年には東大合格者数ベスト10に名を連ねる渋幕ですら、いまだ指定校になっていない。千葉県の幕張から鉄緑会がある代々木までは距離があるということもあるだろうし、渋幕は塾なしで大学受験対策ができることを1つの売りにしているので、鉄緑会との親和性が低いのかもしれない。神奈川御三家の一角、浅野も指定校ではない。渋幕と似た理由かもしれない。

冨田さんによれば、「渋幕に関しても指定校にすることを検討中ではあるが、生徒の学力に幅があり、まだ早い。浅野は通学圏の関係か、生徒をお預かりするケースが少ない」とのこと。

具体名は伏せるが、指定校から外されたいくつかの学校に関しては、「あの学校は入試日によって入学する生徒の学力が違いすぎるので、一律に指定校とすることが難しくなってしまった。こちらの学校は学力低下が目立つ」と手厳しい。

大阪校は、鉄緑会の指導に共感した京大医学部の学生たちが中心となって1987年に作られた。現在は、大阪・梅田、兵庫・西宮北口、京都に校舎がある。

大阪校には指定校制度はないが、灘、甲陽、神戸女学院、東大寺、大阪星光、洛南など、錚々たる学校の生徒たちが通う。

他塾や他予備校のように、特待生制度は設けていない。これまで1人もいない。そんなことをしなくても、日本最高レベルの学力を持つ生徒が勝手に集まってくる。

最高峰の生徒を最高峰の講師陣が教える

首都圏であればサピックスの「αクラス」、関西圏であれば浜学園の「Vクラス」にいたような生徒たちを集め、彼らを20～25人程度の学力別クラスに分け、東大や難関医学部の卒業生である専任講師および大学院生、学部生が教える。しかもほぼ全員が鉄緑会出身者だ。先輩から後輩へ鉄緑会イズムが継承される流れができている。鉄緑会の生徒にとって、講師たちは憧れの存在だ。

東京本校の2015年時点での講師は全員東大の卒業生か院生か学部生。内訳は、理Ⅲ・医学部112名、文Ⅰ・法学部27名、大学院48名、他学部10名。正社員の専任講師はそのうち30名弱。残りは学部生および大学院生である。

これだけの高学歴集団のみでこれだけの規模の講師陣を構成している塾はほかには聞いたことがない。鉄緑会は「日本一の実践的頭脳集団による指導」を自称している。

学生講師は週1～2コマ、専任講師は週4コマくらいを担当する。少ないように感じるかもしれないが、鉄緑会の数学・英語の平常授業は、基本的に1日3時間。さらに授業後の居残り指導は22時過ぎにまでおよぶこともざら。つまり講師は1回の授業で5時間近くも教えることになるのだ。

毎年東大に合格した鉄緑会の卒業生が鉄緑会に電話をかけ、講師に応募する。試験を受けて合格すれば、簡単なオリエンテーションと15分程度の模擬授業を経るだけで、春から教壇に立つ。ただし1年生はどんなに希望しても原則として週1コマまで。しかも低学年を担当するのが習わし。経験を積んでやっと、複数の授業や高学年を担当させてもらえるようになる。

共通のテキストがあり、どの問題を優先的に教えるべきというガイドラインはあるが、実際の授業運びは各講師の裁量に委ねられている。規定のテキスト以外に自前のプリントを用意する講師も多い。

講師の緊張感を高めるために、毎回の授業で生徒によるアンケートを取る。生徒たちからの評価によって、如実に受講生が増えたり減ったりするので、講師たちも気が抜けない。ある現役学生講師は「ときどきどうしても忙しくて授業準備がおろそかになることがあります。手を抜いた授業をしていると上の人から叱られます」と苦笑いを見せる。

複数の元講師の話を総合すると、「1回の授業で、新米の学部生で1万5000円くらいもらえる。理Ⅲ生は1000円程度の上乗せがある。講師としてのキャリアを積むと毎年基本給が少しずつ上がり、院生では2万円くらいが相場。高3の担当講師は答案添削が増えるので、学部生でも2・5万円、院生だと3万円くらいもらえる」とのこと。

元講師たちは口々に、「普通のアルバイトの時給に比べたら圧倒的にいい。他塾で学生講師をしている東大生もたくさんいたが、彼らに比べてもかなりいいほう」と言う。ただし、ある元講師は「授業準備や居残り指導の時間までも含めた時給で計算すると、意外と普通だったりもします」とも言う。

時給がいいことも魅力ではあるが、かつて自分が憧れた鉄緑会講師になることへの誇りが、何よりのモチベーションなのだそうだ。

高3では毎回の授業で150分間のテスト

現在医師の津幡喜一さん（仮名）は、鉄緑会から東大理Ⅲに入った。学校は筑駒だった。小学生のころからなんとなく医者になりたいと思っていた。鉄緑会に通ったのは中2から。数学と英語の2教科を受講した。中1まではZ会の通信教育をやっていたが、まわりの友達が通っていた鉄緑会に自分も通いたいと思った。

現役で理Ⅲに合格し、喜び勇んで鉄緑会の講師の試験を受け、採用された。

「鉄緑会の講師は学生であってもものすごく大切にされます。生徒からはもちろん、生徒の保護者からも。こちらがまだ20歳そこそこの学生であっても、自分の親ほどの年齢の保護者が、真剣に話を聞いてくれるんです。鉄緑会の社員のみなさんも、学生だからといって私たちをあごで使うようなことはしないので、誇りを持って授業に取り組むことができました」と振り返る。

特に初めて高3を担当させてもらったときには重責を感じた。彼らを合格させてやれるかどうか、自分の腕にかかっている。プレッシャーでもあり、誇りでもあった。

「高3を担当すると、大半は演習とその解説なので授業準備という意味では時間をかける必要はあまりありません。しかし採点が大変です。東大の問題は全部記述式ですから採点するにも時間がかかります。全6問のテストを25人分採点するとそれだけで3〜5時間はかかります」

17時30分から授業が始まる。はじめの30分間で前回のテストの返却とその講評をする。18時からが演習。東大の数学の試験時間は150分間なので、鉄緑会では高3になると毎回150分間のテストを行う。20時30分からちょっと休憩をはさんで今度は「計算テスト」。その後、先ほどの演習問題の解説を始めると約1時間はかかる。津幡さんは22時を授業終了のデッドラインとしていた。それ以降は「質問は受けるが、帰れる人は帰りなさい」と指導していた。

低学年の場合には、授業の冒頭で30分間の復習テスト。その後テキストの例題を解きながらの単元学習に60分間。約20分間の計算テストをはさんで、残り60分間で残りの例題を終わらせる。

復習テストは合格点に満たない点数をとった場合は居残り指導となる。居残り指導では、追試が行われる。復習テストの数値換えのような類題が出される。「できた人から採点するから持ってきて」というスタイルで、各自追試に取り組む。それでもできていない問題があれば、すべての問題を自力で解けるようになるまで個別に指導は続く。

「いつも最後まで残る生徒はだいたい決まっています」と津幡さん。

責任感を持っていたからこそ、津幡さんは鉄緑会でのアルバイトは週1回までと決めていた。

「学生のころは週2回までが限度ですね。それだけ時間的にも精神的にも負担が大きい仕事です。自分はサークル活動もしっかりやりたかったので、週1回のみと決めていました。一部には鉄緑会を居場所にしているような仲のいい講師たちもいますが、私はそれほど講師同士ではつるみませんでした」

2009年ベネッセグループに加わる

代々木の駅前に、鉄緑会本社ビルがある。2014年に建て替えられたばかり。2009年、鉄緑会はベネッセグループの子会社となった。代ゼミがサピックス中学部を買収したのも2009年。このころ、大手教育関連企業が、塾業界を草刈り場として、盛んにM&A合戦が繰り広げられていた。

塾業界においてベネッセは、鉄緑会のほかに、東京個別指導学院、お茶の水ゼミナール、アップ教育企画を傘下に収めている。相互に業務的な連携をしているという話はほとんど聞かない。むしろ関西圏においては鉄緑会大阪校とアップ教育企画の研伸館が競合している。

さぞかし月謝が高いのではないかと思うかもしれないが、そんなことはない。

鉄緑会出身者の1人は、「もともとZ会の東大マスターコースの英語を受講していました。高2で数学も物理も化学も塾に通おうと思ったとき月謝を計算したら、鉄緑会のほうが安かったので、鉄緑会に入りました」と言う。

中学生の場合、オープンコースは1科目1万5380円、2科目2万9740円。レギュラーコースだと2科目で3万5510円。高1には英語、数学、数Ⅲの3科目があり、1科目受講だと1万8270円、3科目すべて受講で5万1720円。高2も上記3科目の授業料は同じ。高2から設定される理科、社会、国語は基本的に1科目1万3800円。科目数を増やすと割引料金が適用されるしくみ。

緊張感はあるがスパルタ授業ではない

授業中の鉄緑会の教室を見学させてもらった。メディア関係者が授業時間中の鉄緑会の中に入るのは今回が初めてらしい。会長の冨田さんが自ら案内してくれた。

見学したのが受験を間近に控えた高学年の教室だったこともあり、ぴりりとした緊張感が漂っている。高学年の場合、授業の約半分は演習だ。その後解説授業を行う。津幡さんが教えてくれたように、東大入試と同じ150分間の時間制限で実践的な演習問題に取り組んでいるクラスもあった。

「うちの数学の講師はみんな板書がきれいです。なぜかみんなすごくきれいに書く文化が定着しています」

実際に、ホワイトボードには几帳面に書かれた数式が並んでいる。生徒たちはそれを必死にノートに書き写す。

「板書したものをノートに書き写すこの一手間が、数学においては絶対に必要です。解説プリントを配ってしまうとダメ。自分の手を動かすこと。これは絶対に譲れない」

会長職にある冨田さん自身、今でも週2回、高3の数学を教えている。

英語の授業では文章題をプロジェクタで投影し、解説していた。

「最近導入したんですよ。こうすることで文章をホワイトボードに書き写す時間が節約できるので、特に英語の授業では重宝するようです」

とはいえ、見た目には普通の塾とあまり変わりはない。講師は大声を張りあげることもないし、尊大な態度を取るわけでもない。決してスパルタな印象は受けない。にこやかに、淡々と授業を進めていた。

あえて言えば「育ちの良さそうな高校生が揃っているな」という印象である。

余裕を持って東大のハードルをクリアする

「何とか東大に滑り込む」のではなく、「圧倒的な学力をつけて余裕で東大に合格する」

「東大入試から逆算した6年間のカリキュラムで、効率的に東大合格に必要な学力を身につけ、そのうえで読書なり、クラブ活動なり、受験の領域を超えた学習なりに取り組み、将来への素地を養う」が鉄緑会の指導スタンス。

その成果として、開成、筑駒、桜蔭といった学校であっても3割程度と言われている東大現役合格率に関して、鉄緑会ではそれを大きく上回る実績を残している。

カリキュラムはとにかく速い。数学に関しては、中1の1年間で中学分野をすべて終える。中2・3の2年間で高校分野をすべて終える。つまり中学卒業の時点で、センター試験に対応できるだけの単元学習を終えてしまう。そして高1・2の2年間で6年分の総復習を2度くり返す。高2までに、大学受験で必要なことを、合計3周くり返すのだ。ここまでの高速履修を行っているのは有名進学校の中でも灘くらいではないだろうか。

筑駒や開成、都立上位校など、高校からの入学組に対しては、高1の1年で、高校分野を1から10まで教える特急コースを設けている。高校から灘に入学した大阪の鉄緑会の出身者は、「塾でも学校でも自分が周回遅れであることは明らかだったので、追いつくために必死でした」と振り返る。

間違いなく東大に合格する門外不出のノウハウ

これまで鉄緑会で教えた講師数は累計約900名。約30年間にわたって、のべ900名もの日本最高峰の頭脳を誇る講師が関わり、カリキュラムや教材、指導法を改良してきた。鉄緑会のテキストは、東大の入試問題を徹底的に研究しつくしてできた賜物だ。余計な参考書や問題集には手をつけず、これだけをやっていればいいという意味で効率的だ。

高1までで数学と英語の学力を完成させ、高2から理科や社会、国語の授業が始まる。鉄緑会の中では、これらの科目は「その他科目」と言われる。大学受験における主食的な存在であり積み上げが必要な数学と英語についてはコツコツと取り組み、副食的な存在である「その他科目」については短期勝負で仕上げる。これが鉄緑会流のメリハリだ。

鉄緑会のパンフレットには次のように書かれている。

一般に市販されている参考書や問題集、あるいは一般の塾・予備校は、

・指定校生のような全国レベルの学力上位層の生徒のみを対象にしているわけではない

・中学・高校という無意味な分離を行い、6年間を見渡す長尺の視点に欠ける

・そもそも東大受験を明確な目標と定めていない

などといった点で、指定校生が東大現役合格するために最適なものとはとても言えません。これに対し、鉄緑会のカリキュラムは、6年間全体を見通した上で必要な内容を各学年に効果的に配分し、総合的見地から科目間相互のつながりやバランスを考慮しつつ、確実な東大現役合格のための最も効率的な学習を追究したものであり、全科目合計の学習量まで含めて最適化されています。

鉄緑会のテキスト及び問題集はこのカリキュラムのもと、思考力、論理的な表現力（答案作成能力）といった、東大入試で要求される真の学力の養成を図ることを理念として構成されています。

東大合格に特化した門外不出のノウハウがあるというわけだ。そして一般にはそれが、鉄緑会の魅力とされる。しかし取材をするごとに、私は別のところにある、見えない教育力に注目するようになった。

目の前に東大医学部生がごろごろいる環境

たとえば東大にたまにしか合格者を出さないような地方の進学校に在籍している場合、東大生というだけで雲の上の存在のように認識されるだろう。しかも学歴ヒエラルキーの最上位に当たる東大医学部といえば、神様みたいな存在ということになる。自分がそうなれるだなんてイメージをつかむチャンスはほとんどない。

しかし鉄緑会に通う中学生たちは、目の前に東大医学部の学生を何人も見ることができるのだ。地方の中学生が高校受験のことで頭がいっぱいになっている時分から、東大医学部の学生と日常的に会話ができる。東大理Ⅲというブランドに対する余計な畏怖は取り除かれる。

実際、鉄緑会出身者の1人は、「中学生のころに、東大医学部に所属していた講師が大学で使っているプリントを見せてもらって、『すげー！　かっこいい！』と思って、理Ⅲに行く決意を固めた」と言う。

合格のための具体的な方法論はそこにある。それで成功した生の実例が目の前にごろごろといるわけだから間違いはない。カジュアルに、「自分も入れるんじゃね？」と思えてくる。

理Ⅲがごく身近な目標に見えてくるのだ。この心理的なアドバンテージは計り知れず大きい。

鉄緑会に通う本当の価値とは？

私は開成や灘など、名門校と呼ばれる学校をよく取材する。そのような学校に共通するのは、東大合格に特化したカリキュラムが整備されていることではない。むしろこのような学校では受験に特化した授業は少ない。筑駒や麻布、桜蔭、女子学院も同様だ。

それでも多くの生徒が東大をはじめとする難関大学に軽々と入っていくのは、「それが当たり前」という空気があるからだ。ギリギリまで部活や行事に熱中していても、最後は受験勉強に集中して東大に合格する前例を、目の前で見ることができるから、当然自分たちもそうなるものだと思い込む。先輩たちの成功体験が、学校の文化として非言語的に、後輩たちに受け継がれていくのだ。

それと似た空気が、鉄緑会にはある。「コツコツやれば東大理Ⅲだって誰でも合格できる」という成功体験が空気のように漂っているのである。

この空気を毎週吸い込めることこそ、鉄緑会に通う最大のメリットではないかと私は思う。

オンラインで鉄緑会の指導が受けられる!?

ただし、その恩恵にあずかれるのは、首都圏もしくは関西圏のごく一部の学力上位層だけである。まるで「秘密結社」のような閉鎖性が、鉄緑会の価値を一層高く見せる。「そんな塾が東京と大阪にだけあって、しかも有名進学校に通っている生徒が優遇されているなんて不公平だ」と思う人もいるかもしれない。

そこで門外不出だったこのノウハウを、インターネット回線を活用したウェブ授業で展開するプロジェクトが、現在始動している。主導するのは鉄緑会ではなく、ベネッセが設立した「ベネッセ鉄緑会個別指導センター」だ。

鉄緑会が教材やカリキュラムをベネッセに提供し、鉄緑会出身者が講師を務める。すでに一部サービスはカットオーバーしているが、まだ試運転段階。

優れたノウハウが1人でも多くの子供たちにとって利用可能になることは基本的には良いことだと思う。しかし一方で、「秘密結社」のような閉鎖性、選ばれし者しか通えないというスペシャル感が鉄緑会の生徒たちのアイデンティティーでもある。もちろん厳しい選抜をするのであろうが、それを全国区に広めてしまったとき、ブランド力の低下を招きはしないだろうか。

無論、「コツコツやれば東大理Ⅲだって誰でも合格できる」という空気も、ウェブでは吸い込むことができない。

授業中に鉄緑会の宿題。教師も黙認

しかしいくらすごい塾だとしても、鉄緑会に入れば誰でも労せずして東大に行けると思ったら大間違いだ。

鉄緑会に通う生徒のことを、一部の学校では「鉄緑戦士」と呼ぶことがある。「いつも宿題と格闘していて大変そう」というニュアンスが込められている。指定校に入学できるような学力を持っている生徒でもそれ相応の努力をしているわけだ。誰もが鉄緑会のスピードや宿題の量についていけるわけではない。しわ寄せは学校の勉強に行く。

前出・津幡さんは「筑駒ではかなりの確率で授業中に内職をしている生徒がいました。鉄緑会の宿題をやるんです。先生たちもあまりに露骨なときには一応注意することもありますが、黙認している部分も多い」と証言する。

ある女子校の教師は、「塾の宿題も学校の宿題も中途半端になってしまうのがいちばん良くない。学校としては学校の勉強を中心にしてほしい」と嘆く。

これに対して冨田さんは、「鉄緑会の授業は学校よりずっと速く進むから、学校の宿題は復習みたいなもの。鉄緑会で力がついていれば、学校の宿題には時間はかからないはずですし、良い復習の機会として学校の授業や宿題にもきちんと取り組むようにと指導しています」と応じる。

中学受験が終わっても週末は勉強漬け

第1章で登場した高橋康志さんの息子・道正くんは、鉄緑会に通い始めて約半年。数学と英語の両方を受講している。しかしいまだに宿題の多さに圧倒されていると康志さんは言う。

「駒東は駒東で結構スピードが速いんです。鉄緑会のスピードが3だとしたら駒東のスピードは2くらい。平日は学校の宿題に追われがちで、鉄緑会の宿題に時間を割くことができません。よって鉄緑会の宿題は週末にやることになります。それでだらだらやってしまうということもあるのでしょうが、土曜日は学校の午前授業を終えて帰宅してから、英語の宿題だけで1日が終わり、日曜日は丸々1日数学の宿題だけで終わってしまいます。1教科当たり6〜7時間はかかっています。妻は、『せっかく中学受験が終わったというのに旅行もできない』と嘆いています」

このことを冨田さんに伝えると、「それはいくらなんでもかかりすぎ。1教科1週間の宿題の量はせいぜい2〜3時間分を目安にしています。高2になって理科や社会の科目が増えればたしかにそれくらいの時間が必要になる場合もありますが、それが中1の宿題の量だと思われたら私たちも立つ瀬がない」と訴えた。

まだ要領がつかめないのだろう。まじめすぎるのかもしれない。しかし駒東に合格できて、しかも駒東の中でもそこそこの成績をとっている生徒でも鉄緑会の宿題にはギリギリのところで対応しているレベルなのだ。しかも数学の授業のあとは、復習テストで合格点がとれるようになるまで、ほぼ毎回居残り。塾を出るのは22時過ぎになる。

中学受験を終えたと思ったら休む間もなく、山盛りの宿題に取りかかり、6年間コツコツ学力を積み上げていくのだ。世の中の中高一貫校生がいわゆる中だるみをしている間にも、確実に学力を積み上げる。そこまでして東大を目指し合格できなかったらそれこそ気の毒というものだ。

学校の教師からすれば目の上のたんこぶ⁉

有名進学校に取材に行くと必ずと言っていいほど「中学生のうちは塾には通わないようにと指導しています」と聞く。

数学が好きな生徒がアカデミックな数学を教えてくれるSEGに通ったり、ノーブルな英国式の英語を学びたいと思う生徒が英語専門の平岡塾に通ったりすることは悪くないのではないかと思う。詳しく聞いてみると、この場合の「塾」とはすなわち鉄緑会を暗に示していることが多い。

鉄緑会は有名進学校の教師たちにとっては目の上のたんこぶ的存在であるようなのだ。

「鉄緑会に通いながら学校でもうまくやっている子のことは教師たちも気に留めません。でも、がんばっているようなのになぜかうまくいっていない子の話を聞いてみると、実は鉄緑会に通っているという場合も多いので、実際以上に鉄緑会の印象が悪くなってしまうという構造はあるのでしょう」と前置きしたうえで、ある男子校の教師は、学校から見た鉄緑会の評価について語ってくれた。

「ひと言で言うといいほうに出るケースと悪いほうに出るケースの差が激しいということだと思います。首都圏の学校だけではなくて関西圏の学校の先生たちからも同様のことを聞きます。うまくいかない子はめためたになってしまうんです」

彼の学校でもかつてこんなことがあった。特別できるわけでもないけれど、できないわけでもない、いわゆる中くらいの学力の生徒がいた。しかし鉄緑会と学校の両立に失敗し、どちらの成績もめためたになってしまった。学校の教師としては一度塾をやめて学校の勉強に専念したらどうかと説得したが、「鉄緑会はやめたくない」と言い張る。

「学校の勉強についていけなくなっているのにそれでも鉄緑会には通い続けなければいけないという強烈な強迫観念にとらわれていたようなのです」

結局彼は学校を自主退学し、鉄緑会もやめた。一度すべての勉強を中止し、しばらく趣味である絵画に打ち込んだ。そののち、大検を受けて早稲田大学に入学したという。

そこまでこじれてしまうのが鉄緑会のせいだけだとは考えにくい。強烈な強迫観念の裏には、わが子がめためたになっても東大合格のための塾にしがみつかせようとする親の影響もあったのではないかと勘ぐりたくなる。

上のクラスにいないと意味がない

その教師は自分の学校の生徒たちに聞き取り調査を行ってくれた。その結果、鉄緑会を知るほとんどの生徒たちが、「上のクラスにいないと意味がない」と口を揃えたと言う。実際いちばん下の「Cクラス」にいるようでは東大現役合格は難しいとほとんどの鉄緑会出身者も口を揃える。

これには2つの意味があると考えられる。1つは、上のクラスでないといい講師に巡り会えないということ。これは鉄緑会卒業生の口からも多く聞いた。下のほうのクラスは主に学生講師ばかり。もちろんその中にもいい講師はいるが、当たり外れが激しいのだそうだ。

もう1つは、もともとの学力の高い、東大でも医学部でも涼しい顔をして合格してしまうような生徒でないと、鉄緑会を使いこなせないということ。これについては数人の元講師から聞いた。

ときどきいるのだそうだ。一生懸命まじめに宿題をやっているのだけれど、宿題をこなすことが目的化してしまい、結局学力に結びつかない生徒が。効率的であるはずの鉄緑会のカリキュラムが、無駄な苦役となってしまう。「この子は鉄緑会には向いていないのかも……。別の塾でもっとゆっくりやったほうが精神的にもいいだろうし、そのほうが成績も伸びるのではないか」と感じることがときどきあるのだそうだ。

同じ学校の進路指導担当の数学教師にもヒアリングをしてくれた。その教師によれば、答案を見れば鉄緑会に通っていることがひと目でわかるのだそうだ。

鉄緑会の数学では、記述式の多い東大の数学でできるだけ点をとるための解答法を教える。そのそつのない「型」が、学校の数学の教師にはある種嫌らしく感じられるという。もともと頭が良くて本質的なことをつかむのが得意な生徒は、数学の本質の部分を理解したうえで、このような「型」も利用できるようになるが、理解の遅い生徒だと「型」を覚えるのに精一杯になってしまって、本質的な理解がなおざりになるというのだ。要するに「地頭がない子が行くと、きつい」。

判で押したような数学の答案用紙

関西の有名進学校の数学教師にも聞いてくれた。「はっきり言っていい印象は持っていない。鉄緑会の宿題を余裕を持ってこなしながら学校の勉強と両立できるような力のある生徒でないとうまくいかない。鉄緑会に行かなければ東大や医学部ではないにしても普通にそこそこの大学に通っていただろうという生徒が潰れてしまったケースはあっても、中位以下の子供が鉄緑会に通って伸びたというケースは見ない」とのこと。

また、「鉄緑会の生徒の数学の解答は、判で押したようにどれも似たものになる。鉄緑会で『これがベスト』という解法を教えているのでしょう。実は似たようなことが中学入試の採点でもあるんです。問題の本質を理解せず、とりあえず正解にたどり着く方法をどこかの塾で刷り込まれているのでしょう。鉄緑会の生徒たちの解答を見ていると、中学受験勉強をそのまま延長して続けているように感じます」とも言っているという。

この教師の苦言もよくわかる。だが一方で、生徒がそれほどまでに似通った解法を踏襲できるというのは、鉄緑会流が生徒にしっかり染み込んでいるということ。それはそれで普通の塾や学校がやろうと思ってもなかなかできない。その点は評価しなければならないだろう。

自分の息子は鉄緑会には入《い》れない

某女子校の教師は、次のように証言する。

「塾と学校を両立できる子もいるし、塾の勉強だけやって東大に入っちゃう子もいます。学校の勉強を主にしながら志望大学に入る生徒ももちろんいます。人それぞれでしょう。でも、これは私の印象でしかありませんが、鉄緑会に通っている生徒は、委員会活動など人のためにやる活動に消極的な感じがします。宿題で忙しいからしょうがないのでしょうけれど」

その教師は実は息子を持つ親でもある。

「鉄緑会に入れてがんばれば好きな大学に入れるのなら入れちゃおうかなと、親として一瞬心は揺らぎます。でもやっぱり私は入れません。本人が望めばそれは考えますけど(笑)。人からやり方を教えてもらうのではなく、自分のスタイルを見つけられる人になってほしいから。その結果、行きたい大学に手が届かなければそれはそれで仕方がない。その回り道はその子の人生にとって必要な回り道ではないでしょうか」

この意見には深く共感する。子供本人が絶対に東大に行きたいと思っていて、そのために鉄緑会を利用することが自分にとってのベストな手段であると考えているのなら、鉄緑会を大いに活用すればいい。それで仮にうまくいかなければ自分で別の手段を模索するだろう。しかし、親が、「東大に行くためにしがみついてでも鉄緑会には通いなさい」というメッセージを伝えていたら、そしてその子自身がその圧力に抵抗する力を持っていなかったら、先の大検の彼のように潰れてしまうかもしれない。

鉄緑会に行ってうまくいかなくなってしまうケースにはそういうケースが多いのではな

いかと私は推測する。

学校側にも責任がある

20代の元鉄緑会英語講師は、鉄緑会に向いている子、向いていない子がいると言う。

「鉄緑会に向いているのは、処理能力が高く量をこなせる子、もしくは、要領よく手を抜いて、帳尻を合わせるのが得意な子です。合わない子はその逆。処理能力が低いのに、手を抜くこともできない子です。そういう子が無理して鉄緑会にこだわると、学校の勉強までうまくいかなくなり自信を喪失してしまうことがあります」

せっかく指定校に通うような学力があるのに鉄緑会のやり方に合わない子はどういう塾に通えばいいのか。

「もともとすごく頭が良くて、鉄緑会なんかを利用しなくても自力で受験勉強をして、余裕で東大や医学部に合格してしまう生徒も筑駒や開成クラスの学校にはそれなりにいます。でもそこまでの学力ではなくて、かつ、部活などにも力を入れたくて、塾に時間をとられたくないという生徒は、平岡塾やSEGに通っていたように記憶しています」

SEGや平岡塾だってそれなりの量の宿題は出る。しかしやらなかったからといって何か厳しいことを言われるわけではないし、毎回復習テストがあるわけでもない。最近ではグノーブルもこういった場合の選択肢になっているようだ。

ある男子校の英語教師は鉄緑会に対して「中学入学後早々から青田買いのように優秀な生徒を囲い込み、東大に行くなら学校の勉強だけでは足りないというネガティブな刷り込みを行っている印象がある。実際に学校の勉強は二の次で鉄緑会の勉強だけで東大に合格していく生徒がいる一方で、学習のバランスを崩し本来の力を出し切れないまま苦労する生徒も見てきました。前者は多少腹立たしいもののまあいいでしょう。でも後者のような生徒を見ているのはいたたまれない。かといって、それを塾のせいにするわけにはいきません。私たち学校側にも責任があるのだと思います」と述べた。

学校は国籍、塾は結果にコミットする手段

実際に鉄緑会を利用して東大に入った人たちは、鉄緑会と学校の位置づけをどのように整理していたのだろうか。筑駒出身の元講師は次のように表現する。

「学校は最高でした。自由な学校で、自分にはものすごく合っていました。学校でやったたくさんの物理や化学の実験はいい経験でした。高3のときには鉄緑会で受験勉強をやり

ながら、学校では超高校レベルの実験に夢中になりました。それを卒論のような論文にまとめました。英語も、４技能を鍛えることができたのは学校のおかげかな？　将来的には海外でも仕事がしたいので、もっとブラッシュアップしなければいけませんが。ただ、受験のための数学に関して言えば、鉄緑会に勝るものはないと思います」

学校と鉄緑会とどちらが大切だったか。

「たとえてみるならば、筑駒は自分にとって国籍みたいなものです。鉄緑会にいてもやっぱり筑駒生同士で群れてしまいます。海外で日本人同士群れてしまうようなのに似ているかもしれません。仲間がいるからがんばれるってところがありました。そういう意味では、指定校以外から来ている生徒はすごい強いなと尊敬していました。だってたった1人でアウェイの状況で戦っているわけですから。一方鉄緑会は結果にコミットしてくれるトレーナーです。必要に応じて自分に危機感を持たせてくれたり、自分を追い込んだりしてくれます。自分のアイデンティティーに占める学校の割合を１００としたら鉄緑会は50くらいですね。でも鉄緑会には今でも単なるアルバイト先以上の愛着を感じます。『古巣』というイメージです。鉄緑会出身である誇りみたいなものはみんな持っているんじゃないかと思います」

講師の多くが学生であることは、自身も学生講師の立場を経験して、どう評価しているか。

「メリットとしては、つい最近の東大入試を実体験としてよく知っていることです。歳も近いのでコミュニケーションが円滑で、生徒一人ひとりに目が届きます。それと凝り固まったやり方がないので、柔軟な対応が可能だとも思います。生徒といっしょに成長していくイメージです。一方で、学生講師のデメリットは、経験の浅さ。教えるという技術においてはプロにはかなうはずもありません。人によってはモチベーションにムラがあり、当たり外れもあるかもしれません。それと、基本的に講師は頭がいい人ばかりなので、わからない人の気持ちがわからない。それは結構大きな問題じゃないかと思います」

鉄緑会講師のノウハウを学校の教壇で活用

鉄緑会の講師を経て、某進学校に就職した教師に会った。希有なケースのため、出身学校も担当教科も所属する学校名もここでは伏せる。

「鉄緑会は比較的受験間際に通い始めました。もう何かを教えてもらうというよりは演習しに行く感じでした。そういうのはレアケースですね。途中から進度の違う子が入ってくると、正直言って、教える側としては対応が結構大変です（笑）」

鉄緑会での講師の経験は、学校の教師という職業にどういう影響を与えているか。

「鉄緑会の講師であったことに、誇りを持っています。しかも大学院に行くまでだいぶ長いことやりましたから、受験指導なら誰にも負けない自信があります。しっかり受験指導ができるうえで学校の教師であることは自分の武器になっていると思います」

ほかの先生から、「これって塾ではどうやって教えてるの？」などと聞かれることもある。現在の教え子の中にも鉄緑会の生徒はいるが、自分が鉄緑会の講師をやっていたことは生徒には伏せている。学校の教師という立場から、鉄緑会生を見て、今、どう感じているか。

「問題を抱えている生徒については学年の教員全体で情報共有をします。いろいろな問題を抱えているケースがありますが、中にはどうやら鉄緑会で過負荷の状態に陥っていると考えられる生徒も少なからずいます。そうやって『また鉄緑会か』という印象が残るから、学校の先生たちからはやっかいな塾だと思われるのでしょうね」

鉄緑会へのアンチテーゼ

鉄緑会のやり方に疑問を投げかけるのは学校だけではない。東京都内に4教室を構える難関大学受験塾の成増塾のホームページには、明らかに鉄緑会に対するアンチテーゼと思われるキャッチフレーズが並ぶ。

・選抜テストを行わない
・受験名門校以外の学校からも難関大学に合格できる
・プロ講師しか教えない

真意を塾長の高島穣さんに聞いた。

「たしかにこの辺りの文言は鉄緑会を意識しています。しかし鉄緑会は別格です。黙っていてもトップ校の生徒が集まるルートができていますよね。崩しがたい安定感があります。大学受験塾業界においては、鉄緑会とそれ以外というジャンル分けしかありません」

キャッチフレーズの通り、成増塾では入塾のための選抜テストを設けていない。もちろん指定校制度もない。やる気のある子はどんな子でも受け入れるスタンスだ。それでも筑波大学附属や武蔵、雙葉、豊島岡、白百合、早稲田、暁星、城北などから2ケタずつの人数の生徒が通ってきている。中高一貫校に対応しているが、高校から生徒数が急増する。都立の進学校からの生徒も多い。高2・3では1学年150人を超える。

「成増塾には部活も学校の勉強もしっかりやりながら受験勉強もやりたいという生徒が集まってきます。鉄緑会では負担が大きすぎると感じる層です。また、中学のうちは学校の勉強を中心にして、高校生になってから、特に高2の途中で部活を引退してから集中して大学受験対策をするスタイルの生徒に支持されています。鉄緑会は6年間をかけて大量の問題を解き、確実に合格する力を養うことを売りにしていますが、うちはその逆。そんなに量をやらなくても受かる方法はあると考えています。その分、中高生のうちしかできないことを思い切りやってほしいと思っています」

生徒の選抜もせず、みんなを受け入れ、短期間で志望大学合格に導く。それはそれで魅力的な話である。それが可能なら、鉄緑会よりもいいように思えてくる。どうやってそんなことを実現するのか。

「もともとある程度学力のある生徒が6年間すべてを大学受験のために使うなら、東大だって合格できるでしょう。でもそれとは真逆の方法で、彼らと同等以上の結果を出すことを私たちは狙っています。そのために欠かせないのが、講師の力です。学生講師は1人もいません。成増塾では厳しい審査基準をクリアしたプロ講師を大手予備校以上の高待遇で迎えます。そして講師を型にはめず、最大限の裁量を与えて、思い通りの指導をしてもらいます。どんなカリキュラムで、どんな教材を使って、どんな授業を行うのか、すべて個々の講師に委ねます。だからこそ講師は責任感とやりがいを持って、最高のパフォーマンスを発揮してくれるのです」

「鉄緑戦士」のなれの果てが「鉄緑廃人」

英語を担当するエース講師・門脇渉さんに聞いた。海城中学・高校から1999年に東大文Ⅲ合格。学生時代から塾講師として経験を積み、今に至る。そして鉄緑会に対するライバル心は強い。

「鉄緑会はすごい塾ですよ。教材の完成度が高い。あれなら誰が教えても一定水準の授業ができるでしょう」

システムとしての鉄緑会を賞賛しながら、やや毒を含んだ表現でもある。

「私の鉄緑会との出あいは中学生のころです。自分が通っていたわけではありませんよ(笑)。学校のクラスメイトに鉄緑会に通っている人が何人かいたのですけど、彼らは学校の授業中にせっせせっせと内職をしているんですよ。その様子を私はバカバカしいなと思って見ていました。といって私もまじめに授業を聞いていたわけでもなくて、哲学書とか読んでいたんですけど（笑）。それでも文系では1、2を争う出来でした。鉄緑会の宿題に追われて生気を失ってしまったようになった生徒のことを『鉄緑廃人』と呼んだりすることもあるらしいです。改めて成増塾の塾生に聞くと、やはり学校の友達には『鉄緑廃人』がたくさんいるそうです。高校時代にやるべきことはもっとあるだろうと思います「鉄緑戦士」のなれの果てが「鉄緑廃人」。揶揄する表現がたくさんあるのもナンバーワンの宿命だ。

成増塾に鉄緑会からの転塾生が少ない2つの理由

鉄緑会のスタイルについていけず、成増塾に転塾する生徒も多いのではないかと尋ねてみたが、意外なことに、鉄緑会からの転塾生は、成増塾には少ない。これについては2つの理由が考えられると門脇さんは説明する。

1つめの理由は、そもそも成増塾に来る生徒およびその保護者は鉄緑会のスタイルに興味がないということ。

前提として、首都圏の中高一貫校は1990年代の大学進学実績を争う横並びの競争を乗り越えて、2000年代以降は受験・進学指導とは異なる側面で学校の個性を競う時代に入っている。つまり、大学進学実績はもはや一貫校を選択するうえでの絶対的な決め手ではなく、あくまで学校選択の参考材料の1つに過ぎないと認識されるようになった。

成増塾の生徒の保護者はその点をよく理解しており、鉄緑会のような塾の勉強で子供の自由な時間が食い潰されてしまっては、せっかく入学させた学校の指導を十分に消化吸収することもできず、中高一貫校を選んだメリットがなくなってしまうと考えている。

2つめの理由は、高校から大学受験を意識し始めた生徒が多く、そもそも鉄緑会のスピードに追いつけないということ。

指定校以外にも東大や医学部に合格するポテンシャルを持った生徒はごろごろいる。都立上位校（日比谷、西、戸山、青山、新宿など）にも、ダイヤモンドの原石のような生徒がたくさんいる。

鉄緑会の生徒から見れば学習ペースが1年遅い「周回遅れ」の生徒だが、そのような子にも東大や医学部に受からせるチャンスを与えてあげることが私教育に携わる者としての責務であり、そのメソッドが自分にはあると門脇さんは自負している。

その意味で鉄緑会の指定校制度は「好きではない」と門脇さん。

「たとえば武蔵の生徒は大学受験に関する感度が昔から低い（笑）。だから一時期東大の合格実績が下がり、とうとう鉄緑会の指定校から外されてしまいましたよね。でも、今、武蔵の生徒は年々レベルが上がっています。うちにも武蔵の生徒は十数名いますが、学校が取り組んでいる地道な改革が実を結び始めているのを感じます。大学進学実績も盛り返すと思います。そのあとで鉄緑会はまた武蔵を指定校に戻すのでしょう」

東大はガリ勉を求めていない

門脇さんは今の東大入試ならもっとスマートに入る方法があると断言する。

「私はガリ勉が嫌いなんです。２０００年以降の東大の問題を見ればわかるでしょう。東大だってガリ勉なんて求めていません」

東大の入試問題の傾向が知識重視型から思考力重視型に変わってきたので、鉄緑会ほどの演習量をこなさなくても合格できるようになってきているというのだ。ただしそのためには、一人ひとりの生徒に適切な課題を与えなくてはいけない。

成増塾では学年が上がっても担当講師が替わらない、講師持ち上がり制を採用している。

門脇さんは担当する数十人の生徒の学習履歴と現在の学習状況を完全に把握している。誰がどの問題集のどの辺りをやっていて、どこが得意分野でどこが苦手かを完全に頭にインプットしている。そのうえで、通塾するたびに生徒の様子を見ながら、適宜課題を調整して与える。もはや職人技である。

「アカデミックな世界に入っていくための勉強はいくら時間をかけてもいい。でも受験勉強は目的のはっきりした勉強です。時間をかければいいというものではありません。どんなに勉強してこなかった生徒でも、そこそこの進学校に通っているくらいの素質がある子なら、高2から2年間預けてもらえれば逆転させてあげられます。でも鉄緑会と同じことをやっていたのでは逆転はできませんよね。向こうにはそれまでの積み上げがあるんですから。逆転のためには生徒一人ひとりにカスタマイズした作戦が必要です。その作戦策定がキモ。出来合いのシステムではそれは不可能です。これはマニュアル化できないスキルです。学生講師には絶対に無理です」

たとえばテストの記述問題の採点では、添削してコメントを添えるのは当たり前。そこまではどこの塾でもやる。しかし「それだけではダメ」と門脇さん。

「添削したあと、生徒に丸投げではダメなんです。答案に赤ペンが入って初めて、その答案がその生徒にとっての教材になるんです。それをもとに生徒と講師がディスカッションすることで、その問題から自分が何を吸収しなければいけないのかがわかってきます。それが本当の添削指導です」

以上、あくまでも鉄緑会に対するアンチテーゼの一例として、成増塾の「考え方」を示した。成増塾が鉄緑会よりも優れていると言うつもりは毛頭ないことは、念のためここで表明しておく。

鉄緑会出身者は馴れ馴れしい

東大はガリ勉なんて求めていない。では東大医学部の教員は、鉄緑会出身者をどう見ているのだろうか。

東大医学部特任准教授の荒木剛さんは、麻布中学2年生のころ、少しだけ鉄緑会に通ったことがある。鉄緑会ができてまだ初期のころ、東大生がわいわい集まってやっている塾というイメージだった。楽しい雰囲気ではあったものの、学生講師のノリの軽さが、荒木さんには合わなかった。「教えてもらっている」という実感が湧かなかった。1年経たずしてやめた。

現在東大医学部の臨床研究者育成プログラムで、医学生を指導する。

鉄緑会の生徒は、相手が教員であってもいきなりフランクに話しかける。外交的と言うこともできるし、馴れ馴れしいとも言える。ときどき「ちょっとは遠慮しろよ」と正直思う。良くも悪くも緊張感がない。

たとえば地方出身の医学生が、最初は良くも悪くも教員との間に距離を保ち、徐々にその距離を縮めようとするのに対し、鉄緑会出身者はそこに壁を作らない。鉄緑会出身者が集まると、場の雰囲気がだれることもある。きっと鉄緑会で東大医学生をたくさん見てきているので、親しみが湧いてしまいやすいのだろう。入学年度がだいぶ違うのに、親しげに話している先輩と後輩が、実は鉄緑会つながりだと知ることも多い。医学部の会報誌「鉄門だより」の編集活動では鉄緑会出身者が大活躍する。鉄緑会つながりで、先輩のインタビューなどをいとも簡単にとりつけてくる。

困ったことがあるとすぐ人に聞くのも特徴。それは良いことでもあれば悪いことでもある。困ったときに、素直に人に聞けることは悪いことではない。実際ヒントを与えればそこから先のスピードは速い。しかし「自分で考えようとする時間があまりに短いのが気になる」と荒木さん。

鉄緑会は名門校の教育を中和してしまう

東大医科学研究所特任教授の上昌広さんは、「鉄緑会出身者だからどうのという印象はない」と言う。開成出身なのか、ラ・サール出身なのか、上さんと同じ灘出身なのか、出身学校によって学生の個性が大きく影響を受けているのは感じるが、鉄緑会にそこまでの理念や教育力はないのだと感じている。

「親の不安が作り上げた塾ではないか」「教え方が悪いから宿題が多いのではないか」「いい生徒を集めているだけ」「なぜ宿題を出してもらうためにお金を払わなければならないのか」と厳しい評価。

「開成や麻布や武蔵では中1から大量の宿題を出したりしません。大量の宿題が中高生から何を奪ってしまうのかを熟知しているからです。せっかく名門校に通っているのに鉄緑会に通ってしまったら、名門校の教育力が中和されてしまう。そのような学校の先生たちが鉄緑会を敬遠するのはもっともです」

与えられた課題に素直に取り組むだけで通用するのは大学院まで。それ以降は通用しない。東大で大規模な論文不正問題が発生した背景には、そもそも与えられた課題に疑問を持つ感覚の麻痺があったのではないかと指摘する。

上さんによれば「東大に入ってから伸びる子は、自分の力で試行錯誤をした経験が豊富な子」。人に言われた通りのことをただやってきて、頭だけ良くなっても何の価値もない。人に使われるだけの人生を送ることになる。

完璧な環境と絶対的な指導者を与えられ受け身のままで野球をやる甲子園球児よりも、恵まれない環境の中でも主体的にがんばっている開成野球部のほうが学べることは大きい。受験勉強も同じだと言う。「本当に頭がいいのなら、大量の宿題を前にして、疑問を持つべきです」

1浪してもいい。タフな東大生がほしい

今東大医学部ではタフな学生を求めている。福岡の修猷館や埼玉の浦和のような県立の進学校で大学入試ギリギリまでラグビー部で汗をかいていた学生と、中1から塾の操り人形だった学生とでは、前者のほうがほしいに決まっている。1浪したとしても前者がほしい。

大学受験塾に通うにしても、プロと呼べる講師が本気で生徒を教育しようとする塾なら否定はしない。学生講師には真似のできない職人技を持っており、人間的にも一本筋が通

っている塾講師に学べば、人間的な成長だって期待できる。しかしついこの前まで高校生で、東大に受かって浮かれているような学生に何ができるのか。ときどきアルバイト先に鉄緑会を選ぼうとする学生を見つけると「やめておけ。そんな暇があったら今までやったことのないことに挑戦する経験をしろ」とアドバイスする。

このままでは世界に伍していくのは無理。本当に東大は淘汰されると上さんは危機感を募らせている。

「東大生は、東大以外の大学を下に見る傾向があります。しかしとんでもない。ノーベル賞をとった京大の山中伸弥さんや山梨大出身の大村智さんのようなタフネスを見習わなければいけません。成功した人が若いころにどんなことをしていたのかを、東大生こそもっと知るべきだと思います。そうすれば、今の自分に何が足りないのかわかるはずです」

第4章 塾歴社会の光と闇

山籠もりして受験勉強

熊本の山村。生い茂る緑とセミの大合唱に囲まれながら、受験生は1人黙々と「赤チャート」を解いていた。ときどき祖母がお茶を淹れてくれる。扇風機だけが頼りだが、暑くはない。都会のコンクリートジャングルとは違う空気が、山間には流れていた。

受験生は三木弘昌さん（仮名）。当時高校3年生。自宅は兵庫にあり、進学校として有名な甲陽に通っていたが、受験勉強に集中するため、夏休みの間、熊本の祖父母の家に籠もることにした。

学校の友達はたいてい塾や予備校の夏期講習を受講する。しかし塾の行き帰りの時間がもったいないと感じた。高校時代、塾には通っていなかったが、学校で一通りのことは教わっている。今さら習うことはない。教科ごとに数冊の問題集を持ち込み、それを徹底的にやる。作戦はそれだけだった。

祖父母と共に規則正しい生活をした。1日12時間勉強しても、夜は早めに寝ることができた。誘惑は何もない。気分転換には、家を1歩出るだけで十分だった。山の景色が疲れた目を癒し、深呼吸すれば頭が冴えた。

大学受験のために塾に通ったのは入試直前の冬期講習だけ。大阪の鉄緑会に通った。ずっと1人でやってきて、ちょっとだけ刺激がほしくなったからだ。見事、京大理学部に合格した。今から約20年前の話である。

三木さんは大学卒業後、大手電機メーカーに就職する。しかし数年前、大学時代からの知人に誘われ、ベンチャー企業に転職した。リスクは大きい。でも、妻と子と3人で暮らしていくくらい、なんとかなるだろうと思った。大樹に寄るだけの人生は嫌だと思った。

現在、東京と大阪を行き来する忙しい毎日を過ごしている。38歳の今でも、その人柄には「純朴」という言葉がよく似合う。

受験もプロに頼る時代

前章まで、塾漬けの受験勉強生活ばかりを見てきた。そのあとに、まるで映画のワンシーンのような純朴な受験生の物語に触れると、すがすがしい気分になるのではないだろうか。「受験勉強は本来かくあるべき」と膝を打った人も多いだろう。

しかし考えてみてほしい。塾や家庭教師の力を借りず、独力で受験勉強ができること自体、才能である。問題集の解説を読めばたいていのことは理解できる学力が備わっていたからこそできた作戦である。山に籠もれば誰もが京大理学部に合格できるわけではない。逆に、都会の塾の教室でひと夏を過ごしたとしたら、三木さんの場合、志望校に合格できていたかどうかはわからない。それは明らかに三木さんのスタイルではないからだ。早々にスランプに陥っていたかもしれない。

某大手塾グループの広報担当の50代の男性は次のように指摘する。「昔は、どんな参考書や問題集を使って、どんな風に志望校対策をするのかを自分で考えたもの。どう段取りを組むのかというところまでを含めて受験勉強だった。結果的に総合的な人間力を試すことになっていた。コツコツやるタイプもいる。先行逃げ切りタイプもいる。最終コーナーを回ってからラストスパートで勝負をするタイプもいる。入試の結果には、単なる知識量や学力だけでなく、作戦力や実行力、そして執念までもが反映されていた。しかし今、子供たちは大人に与えられたものをやるだけになっている。それが中学受験ならまだわかる。しかし大学受験までもがそうなってきている。入試で測れるものが、『疑いのなさ』や『処理能力』やせいぜい『忍耐力』くらいになっている」

また某有名進学校の校長はこう言う。「私たちが高校生だったころは、高3になると、東大に合格した先輩の家に行って、勉強方法を教えてもらい、先輩が使っていた問題集をダンボールごとごっそり譲り受けて受験勉強をしたものです。それが学校の伝統でもありました。しかしいつしか塾が台頭し、いつまでにどの問題をやればいいのかをすべて指示してくれるようになってしまった」

そうなれば、プロの力を借りたほうが有利になるのは当たり前である。それを突き進めた先に、「塾歴社会」があった。

日本で「学歴社会」が成立したわけ

受験競争を煽るものとして、世間一般の「塾に対する印象」はあまり良くない。長時間子供を教室に押し込め、無味乾燥な知識を詰め込むことで暴利を得る組織だと思われている節すらある。

現在日本全国に大小合わせて約5万軒もの塾があると言われている。しかし塾が勝手に雨後の筍のようにできるわけがない。世の中のニーズに応える形で発展した経緯がある。塾は、日本の教育の平等性の産物であり、学校教育を陰で支えるパートナーでもあるのだ。

好景気による知的生産層の拡大で、１９７０年代に日本の高校進学率は9割を超えた。それは、全国津々浦々に教育が平等に行き渡ったことを意味している。明治維新以来の念願であった。

一方、日本の教育制度は単線型と言われている。小学校、中学校、高校、大学と、進学のルートはほぼワンパターンである。学ぶ内容も、学習指導要領と検定教科書によって、全国で標準化されている。つまり同世代のほぼ全員が、基本的に1本のレールの上を行く。バイパスはない。

しかしテストをすれば当然点数に差がつく。順位が生まれる。平等な環境が与えられているはずなのに、隣の生徒より得点の低い者は努力不足ということになる。逆に言えば、テストで人より良い点をとった者はそれだけ努力をしたのだから、報われて当然という理屈が成り立つ。それはさらに、偏差値が1つでも高い者が偉い、偏差値が高い学校のほうが上等という価値観をもたらす。そして「学歴社会」が確立した。

戦前、ごく一部の秀才しか中学校に進学しなかったころの「エリート志向的学歴社会」とは意味合いが違う。全国民を取り込んでの、いわば「大衆型学歴社会」の成立である。

「学歴」は自由を保障する「通行手形」だった

出身大学によって企業への就職の機会が制限されるのは差別であるなどという不平等の

文脈で「学歴」という言葉が扱われることが、今は多い。しかし元来「学歴」には、どんな出自であっても学問を修めればどんな社会階層にも上がっていけることを保障する「通行手形」としての役割があった。平等で自由な社会を実現する装置の一部であった。

中卒、高卒、大卒と、通行手形のランクが上がれば世界も広がる。当然人々は1つでも上のランクの通行手形を手に入れようとする。親は子に、できるだけ上等な通行手形を持たせて送り出したいと願う。そこに競争が生まれる。

同世代全員が同じレールの上を行くのである。たった1歩でも人よりも先に行きたいと誰かが早歩きを始めれば、まわりの歩幅も大きくなる。受験競争の始まりだ。気づけばみんなが全力疾走をしていた。

途中で気分を悪くする者もいる、怪我をしてしまう者も出る。それでも競争は止まらない。何でもありの受験狂想曲である。

皮肉である。全国津々浦々の子供たちに平等な教育を行き渡らせることを実現した結果、国民的教育競争が始まってしまったのだ。

少しでも優位に立つための手段として塾が登場した。日本において塾の数が爆発的に増えたのは1970年代半ば以降のことである。高校進学率が9割を超えたころにちょうど重なる。

その意味で塾は、この国の教育の平等性と画一性の産物と言えるのである。

塾があるから、学校は学校でいられる

ではここで、ちょっと想像してみてほしい。もし今日本で、塾による受験指導を一斉に禁止したら何が起こるだろうか。

きっと、学校に受験指導を期待する動きが強まるだろう。学校が、現在の塾の役割をも抱え込まなければいけなくなる。

一部の保護者が「音楽や体育をやる時間があったら、英語や数学の授業を増やしてください」と詰め寄る光景が目に浮かぶ。「理科の実験などしていないで、化学式の計算をやらせてください」と言う生徒も増えるだろう。学校が学校でなくなる。学校が受験競争に完全に飲み込まれてしまう。

逆に言えば現在は、塾があるからこそ、学校は学校でいられる。目先の大学合格だけでなく、生徒一人ひとりの人生の20年後、30年後をも見据えた本質的な教育に力を注ぐことができる。だから学校の多様性も担保される。その意味で、塾は学校教育を陰で支えるパ

ートナーなのだ。

実際、開成にしても麻布にしても灘にしても、1960年代くらいまでは生徒のお尻を叩いて、かなり勉強をさせる学校であったようだ。今より生徒たちの不満の声も多かった。今ほど塾が存在せず、学校が一手に受験指導を引き受けなければならなかったからだ。

学校と塾は、陽と陰。あるいはDNAの二重らせんにたとえてもいい。

たとえば極端な「ゆとり教育」が強引に推し進められたとき、塾が親たちの不安の受け皿になった。教育行政の失策で公立高校が凋落したときにも、過熱した私学受験熱を塾が吸収した。公教育の歪みを常に塾が補整してきた。

公教育が「与えられた教育」であるとするならば、民間教育は「自ら求める教育」と言える。その2つがあることで、日本の教育は常にバランスを保ち、かつ、柔軟に進化し続けることができた。これは世界でもまれに見るハイブリッドな教育システムなのである。

塾があるから、教育の多様性が増す

生態系の安定のために生物の多様性が必要なのと同様に、社会の安定のためには多様な人物が必要だ。多様な価値観や意見を持った人々が集まることで、社会全体の視野が広がり、価値観のバランスが保たれる。それなのに、日本の学校制度は画一的な人物を育成するのに効率的なしくみになっている。多様性に乏しい社会は変化に弱い。私学があることが、その脆弱性を幾分補ってはいるが、それでも数は少なすぎる。

塾があればこそ、教育理念や校風で学校を選び、大学受験指導は塾に任せるということが可能になる。Aという学校に落ちた生徒がBという学校に通っていても、塾に行けばAの生徒たちと肩を並べて競い合うことができる。塾の先生が、学校の先生とは違うやり方で数学の難問を解いてくれるかもしれない。すると、その生徒の数学的視野は広がる。

学校とは別に塾という学びの場があることで、子供たちは自分に合う学習スタイルを見つけたり、より多角的な刺激を受けたりできるのである。

「学校歴×塾歴」で、教育のバリエーションが無数に増える。日本の学校制度が平等で画一的であったからこそ、教育の多様性をもたらすために、塾という「変数」が自然発生したようにも私には見える。

受験システムが制度疲労を起こしている

しかしである。その多様であるはずの塾が、こと学力トップ層においては、多様性を欠く状態になりつつあるというのが本書の指摘である。

それが何を物語るのか、何をもたらすのか。

「塾歴社会」とは、端的に言えば、日本の教育の平等性や公正さの中で発展してきた受験システムが「制度疲労」を迎えている証しであると私は思う。

受験勉強はもともと、個々の受験生が自ら作戦を立て、自らを奮い起こして取り組むべきものであった。特に大学受験は、入試当日に至るまでのプロセスの踏み方を含めて、総合的人間力を試すものだった。どんなに処理能力が高くても、作戦立案の下手な受験生はいい結果を出せなかった。どんなに上手なプランナーでも、易きに流れやすいメンタルの持ち主は、合格を手にすることができなかった。

野球にたとえれば、長打力があるだけではダメ。走攻守三拍子揃った選手でないと好成績を残すことはできなかった。

だが、ルールは変わった。

作戦立案は、塾のカリキュラムによって不要になった。自らに打ち勝つ意志力の代わりに、度重なる塾のテストが受験生を勉強へとかき立ててくれるようになった。より効率の良い戦い方が模索されるうちに、本来受験生自身に求められていた能力の大部分を塾が肩代わりするようになった。

前出の鉄緑会元講師が言うように、〝結果にコミットする〟スポーツジムに似ている。トレーナーが完璧なメニューを用意して、それをやりきるまで追い込んでくれるシステム。トレーナーの指示にいちいち自分の考えなど差し込まなくていい。ただ従順に言われた通りにやっていれば、筋肉がついたり、減量できたりする。

その結果、受験生に求められるものとして、大量の課題をこなす処理能力と忍耐力だけが残った。余計なものとしては、与えられたものに対して疑いを抱かない力が求められるようになった。

「塾歴社会」は教育の画一性の裏返し

受験システムそのものが、塾に完全に分析され攻略されている。なぜそのようなことが可能なのか。それは端的に、日本の学校制度、進学システム、学習カリキュラムが画一的すぎるからではないかと私は考えている。

中学入試問題であれば、一部逸脱も見受けられるものの、原則的には小学校の学習指導要領や検定教科書を踏まえ、その中から出題しなければならない。大学入試問題も、高校の学習指導要領を踏まえて作られている。

「そんなの当たり前じゃないか」と思うかもしれないが、その感覚自体が、平等性と画一性を過度なほどに重んじてきた日本の教育の成果である。

教育によって子供たちの能力が開発されれば、教育を受けた本人だけでなく、彼らを含む社会全体が利益を得るという意味で、本来教育とは公共財である。教育を受けた者には、そこで得たものを自己実現のためだけに利用するのではなく、社会に還元することが強く望まれる。だから多くの先進国では教育費の自己負担は最小限にされている。

しかし日本では教育が立身出世の手段として広まった経緯がある。そのため、教育を受けたことによる利益は教育を受けた本人のみが享受して当然とする社会通念ができた。教育が「勉強という役務と引き替えに社会的優位を得る商取引」のようになった。取引条件に少しでも偏りがあれば「ずるい」と感じる。

日本の平等至上主義的教育システムは、この「ずるい」という感覚をベースに成り立ってしまっているのである。

だから試験範囲がわからない入試問題などあり得ない。全国津々浦々でみんなが同じような授業を受けているのだから、みんなが解けるはずの標準的な問題を出さなければいけないという発想になるわけだ。そういう教育環境の中で育った者がそうではない教育環境を想像するのは難しい。

なぜ大学入試改革はうまくいかないのか?

しかしいかにも日本的なその平等至上主義を一度脇に置けば、それぞれの学校がもっと突拍子もない問題を出題し、そういう学校を好む生徒や学生だけが集まるようにしてもいいはずなのである。

その代わりに予め提示されるのが「アドミッション・ポリシー（入学受け入れ方針）」だ。「わが校ではこういう学生（生徒）がほしい。そのためにこういう方針で入学試験を行う」という宣言である。

学校が学習指導要領に合わせるのではなく、主体的にアドミッション・ポリシーを宣言するのが、少なくとも欧米先進国の大学ではスタンダードである。

今盛んに議論されている日本の大学入試制度も、「センター試験がなくなる」「脱・ペーパーテストになる」「小論文や面接、集団討論が評価対象になる」という表面的な部分ばかりが取りざたされるが、本質的には、各大学が明確なアドミッション・ポリシーを掲げ、それに従った入試制度を再整備するようにという話である。

明治以来の大改革と謳われて、実際に大胆な改革案が発表されてきた大学入試改革ではあるが、試験の実施方法を具体的に検討する段階に至って「学習指導要領との兼ね合いで……」などという言い訳が聞こえ始め、ややトーンダウンの気配を見せている。理想の大風呂敷を広げたはいいものの、具体的な方法論が見つからないのである。

なぜ欧米の大学にできて、日本の大学にできないのか。

各校のアドミッション・ポリシーよりも学習指導要領が上位概念に君臨し、全国一斉に横並びの改革をしようとするからである。そもそもアドミッション・ポリシーは個性的で多様性に富んだものでなければならない。それなのに、全体で音頭を取って一斉に変革しようとするからうまくいかない。

大学に最大限の権限を与え、大学自らが主体的に改革に取り組む体制を作らなければならない。改革の年度がずれたってかまわない。学習指導要領との整合性に縛られていてはユニークな入試問題など作れない。当然混乱は避けられないが、だからこそ一斉にではなく少しずつできるところから改革すればいいのだと私は思う。

くり返す。日本の受験システムはすでに制度疲労を起こしている。その結果として「塾歴社会」が存在する。だからこそ大学入試改革が議論され始めたのだ。この状況を変えなければ「塾歴社会」はさらに進行するだろう。

平等を突き詰めるほどに露呈する「不都合な真実」

「塾歴社会」が進行するとどうなるのか。

「そのような塾が東京や大阪など大都市圏だけにあるのはずるい。地域格差がますます広がってしまう」という批判は以前からある。しかしそれは根本的に大都市一極集中の社会構造の問題であり、塾に限った話ではない。

東京や大阪の周辺では学力上位層が特定の塾に通い切磋琢磨しているのは事実であるが、そのような塾があるから学力上位層が多いという証拠もない。「全国学力・学習状況調査」いわゆる「学テ」で全国学力トップの秋田県の子供たちの通塾率が低いのは有名である。

巻末の「付録」には、鉄緑会の生徒たちが「今でしょ！」で人気の東進ハイスクール講師、林修さんの講座を受講して成績が向上したというエピソードが収録されている。鉄緑会で鍛えてきた生徒ですら、伸びるのだ。林さんの授業は、映像授業であれば、全国の東進衛星予備校で受講できる。

　また株式会社リクルートは「受験サプリ」という定額制映像授業サービスを提供している。こちらも全国津々浦々に東京の高校生が受けているのと同質の授業を届けたいという理念で始められている。

　今後もインターネットを介して、さらに高品質な教育サービスが日本全国に広まっていくだろう。しかしそのときさらに大きな皮肉が露呈する可能性があることは、前述した日本の教育の歴史を振り返れば容易に想像がつく。日本中の子供たちがオンラインで同じ映像授業を見て勉強しても、模試を実施すれば大きな得点差がつく。

　こう言っては身も蓋もないが、できる子は、鉄緑会に通おうが、インターネットで映像授業を受講しようが、山に籠もって1人で問題集を解こうが、できる。できない子は鉄緑会に行ってもできない。そのことをさらに強調してしまう結果になりかねない。

　平等を追い求めるほど、「前提」の違いが露呈するのである。いかんともしがたいこの「前提」には、遺伝のほか、どんな家庭文化や学校文化に属しているかが強く影響していると教育学の世界では言われている。

　仮に全国に鉄緑会を作ったとしても、地方の学力レベルが大きく変わるということは考えにくい。むしろ「前提」の違いを無視した、「自己責任論」を成立させてしまう危険性がある。

関東地方の教育環境は決して恵まれていない

さらに言えば、関東地方は教育環境としては決して恵まれていないことを示すデータもある。特に医学部進学に関しては受け皿が少ない。図6は地方ごとに人口当たりの医学部数を算出したもの。東京には医学部が多いが周辺県には少ない。

県別に、国立大学の運営交付金額に対する人口比率を計算しても、関東地方が最も恵まれていないことがわかる（図7）。首都圏は教育的に恵まれているというのは実は幻想なのである。

東京には東京大学があるので、値が高いが、東京大学は全国区の大学である。東京にはたしかに全国トップレベルの教育機関があるが、その教育の恩恵に直接あずかることは容易ではない。つまり、東京はできる子には良い環境であるが、そうでない子には教育環境としてむしろ貧弱だ。

お金持ちの子供が有利であるという指摘も多いと思うが、サピックスも鉄緑会も同ジャ

図6 医学部の偏在

	人口（万）	医学部数	人口／医学部
北海道	543	3	181
東北	910	6	152
東京	1330	13	102
関東（除く東京）	2939	9	327
神奈川	908	4	227
茨城	293	1	293
埼玉	723	1	723
栃木	199	1	199
群馬	198	1	198
千葉	619	1	619
甲信越	530	3	177
北陸	303	4	76
東海	1505	7	215
近畿	2080	12	173
四国	391	4	98
中国	747	6	125
九州	1452	10	145
全国平均	**12729**	**77**	**165**

※この調査からは、特殊な目的を持つ医科大学校である防衛大、産業医大、自治医大は除外した。卒業生が地元に残らないためである。また、新潟県は北陸地方ではなく、甲信越地方に分類した。
※2013年10月時点でのデータ。
※総務省統計局人口推計より。
※『日本の医療格差は9倍　医師不足の真実』（上昌広著、光文社刊）より転載。

図7 県別対人口国立大学運営交付金

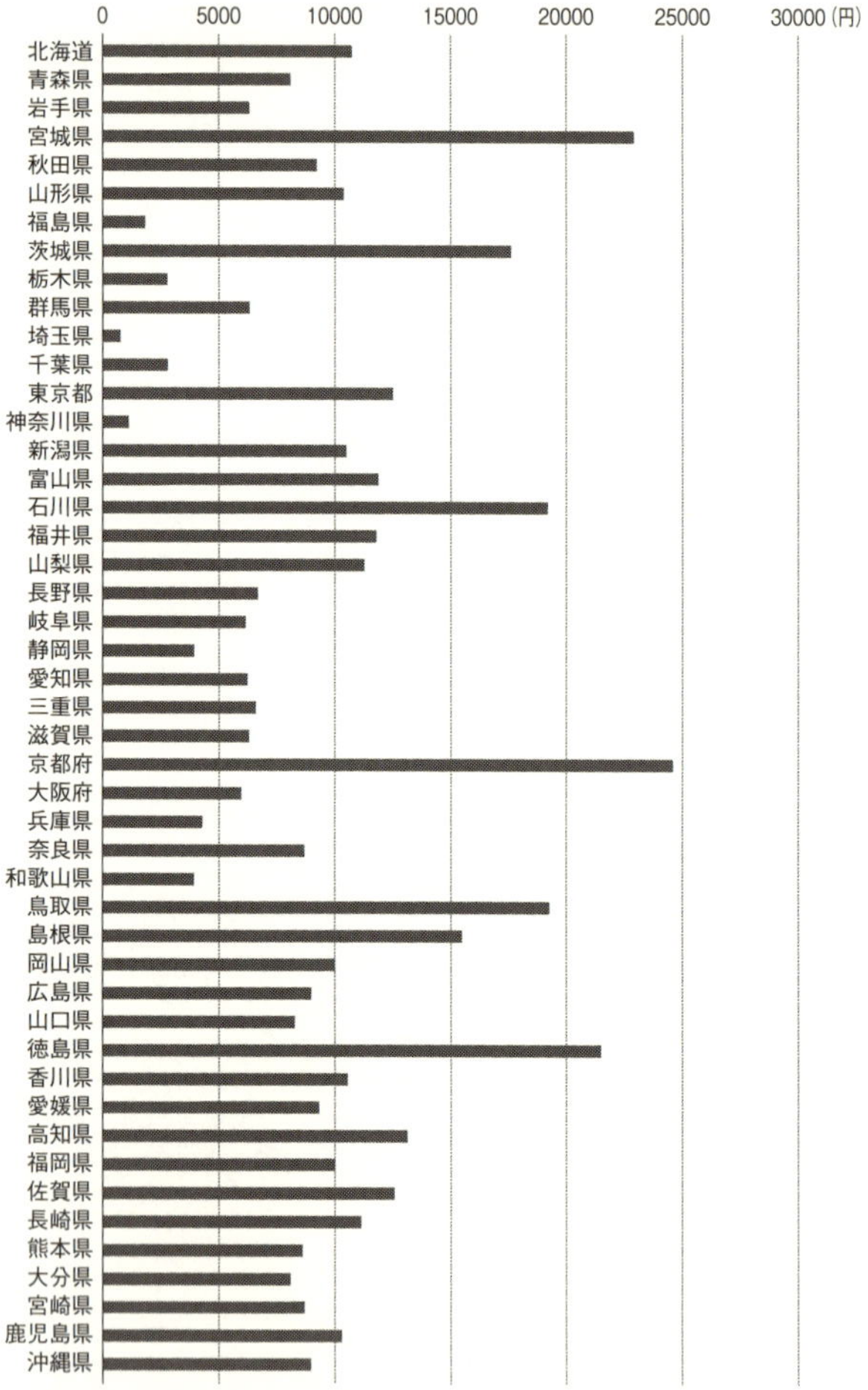

※総務省統計局、サンデー毎日の合格者数をもとに、岡田直己（慶應義塾大学）が作成。
※『日本の医療格差は9倍 医師不足の真実』（上昌広著、光文社刊）より転載。

ンルの塾と比べてむしろ良心的な料金設定であることを付け加えておく。

「格差社会」か「塾歴社会」か、究極の選択

格差をテーマにするのであれば、もっと注目しなければいけないのは大学入試改革の動向である。

平等性と画一性を追求した教育を全国に広めた結果国民的教育競争が生じ、学歴社会が確立し、その結果として「塾歴社会」があるという理屈を先述した。そもそも教育環境にいかんともしがたい不平等や不均一があるのだとしたら、競争は生じない。であれば過度な競争に身を投じる者も少なくなるはずだ。

しかし「塾歴社会」を良しとしないのであれば、そろそろ制度疲労を起こしつつある受験システムを刷新しなければいけない。そこで大学入試改革である。

現在議論されている大学入試改革の方向性は、概して言えば欧米型の大学入試スタイルの模倣である。ペーパーテストによる一発勝負ではなく、小論文や面接、集団討論などによって、表面的な学力以外の部分も評価対象にしようという方向性である。

実は明治以降の日本の教育史の中でも、過度な受験競争を避けるため、何度かペーパー

テストが禁止されたことがあった。しかし数年で元に戻るということをくり返している。可視化しにくい要素を評価対象にすることで、評価基準の不透明性が必ず問題になるのである。「ずるい」の文化が根強いからだ。

では欧米ではどうしているのか。「大学がほしい人物を採る」もっと言えば「大学教員が教えたい人物を採る」という姿勢が明確なのだ。一定水準の学力を満たしていることさえ証明できれば、あとは採用する側の主観的判断なのだ。日本の集団就職活動に似ている。

論述式の試験や口述試問では、結果に階層文化が影響しやすい。審査側が所属する階層文化と親和性の高い階層文化に所属していた学生が有利になる。そのため、欧米では大学が社会階層の固定化に一役買っていることは教育学の世界ではもはや常識である。

くり返しになるが、現在進行中の大学入試改革は、日本もそれを真似しようという話である。それなのに、大学入試改革が理念通りに実行されれば日本においても社会階層の固定化が進み、あらゆる格差が広がっていく可能性があることを指摘する声はまだ少ない。大学入試改革によって、鉄緑会に通うような子供たちがますます有利になることはあっても、一気に不利になるということはまずあり得ない。

それと「塾歴社会」とどちらがいいのか。私たちは今、究極の選択を迫られているわけである。

受験勉強にももっと多様性を

普段なかなか覗き込むことのない「塾歴社会」の中をつぶさに見てきた。

行列のできる店には行列ができる理由があり、行列にさらに人が吸い寄せられるのは日本人の性である。一部の塾に人気が集まり、さらに優秀な生徒が集まる構造は全く不思議でも危険でもない。

ただし、どんな子にとってもサピックスや鉄緑会のやり方がベストであるわけがないだろう。ものすごくできる子であれば、サピックスや鉄緑会のやり方にも適応できてしまうが、もしかしたらもっと別の手段を講じていたら、もっと楽に力を伸ばせていたかもしれない。

すでに実績を出している塾にさらに生徒が集まるのは「勝ち馬に乗る」ような心理かもしれない。その意味では、もっと強力な対抗馬が出てきてほしい。そうすれば、子供たちはより多くの選択肢の中から自分のスタイルに合った塾を選ぶことができるようになる。

逆に受験生やその保護者たちも、単に「勝ち馬に乗る」のではなく、主体的に自分に合った塾あるいは学習スタイルを見つけるようにしてほしい。自ら選んだ「馬」でレースを制したときに得られる自信は、「勝ち馬」に乗って得た自信よりもきっと大きい。人生を支える財産になるはずだ。

受験勉強にももっと多様性があっていいと私は思う。

心配なのは「普通の子」

「塾歴社会」の取材を終えた私個人の率直な感想は、「できる子はできる。できる子はできる子同士集まる。『普通の子』は無理しすぎないように」である。

そして「塾歴社会」がさらに進行した場合、私がいちばん気になるのは「普通の子」が困ることである。

比較的最近、私はほとんどの大手中学受験塾を徹底的に取材した。その中で何度か、「この量とスピードに耐えることができれば、『普通の子』でも最難関校に合格できる可能性がある」という表現を聞いた。

中学受験において、直接的に語られることは少ないが、誰もが気づいている事実の一面を言い当てている。前提として「普通の子」と「非凡な子」という区別がある。要するに、できる子はできるし、できない子はできない。しかし、もしこれだけの量とスピードに耐えられるのであれば、学力的には「普通の子」でも「非凡な子」を逆転する可能性はあるという話である。

第1章の中村さん、土井さん、田中さんを思い出してほしい。涼しげな顔でサピックスの課題も鉄緑会の宿題もこなしてしまう。彼らは明らかに「非凡」の部類である。彼らにとってサピックスの最上位クラスや鉄緑会は、ハイレベルなライバルと切磋琢磨できる理想の環境である。利用しない手はない。

しかし同じ環境で、「普通の子」は弱者の戦いを繰り広げなければならない。そこに悲劇が生まれる危険性がある。量とスピードへの挑戦の連続で、処理能力と忍耐力以外にその子が本来備えているはずの持ち味を発揮できなくなる可能性がある。多くの中高一貫進学校の教師が口を揃えていたように、サピックスも鉄緑会も、もともと学力の高い余裕のある子供には「鬼に金棒」の環境だが、そうでない子は「飛んで火に入る夏の虫」になるリスクがある。

「塾歴社会」に忍び寄る「教育虐待」

1人の「普通の子」に、今までの1・1倍の量とスピードで課題を与えれば、志望校合格への可能性は少し高まる。だがほかの「普通の子」たちも黙ってはいない。「それならば」と1・2倍の量とスピードを消化しようとする。そうやって量が増え、スピードが増す。キリがない。

こちらを盛り上げれば、あちらも盛り上げなければいけなくなる。塾業界は宿命的に「マッチポンプ」の構造なのだ。「塾歴社会」が進行すると、「普通の子」の負担が青天井に増えていく。エンドレスなそのレースに乗っかる必要はあるのか、「普通の子」あるいはその保護者は一度冷静になって考えたほうがいい。仮に目標を達成したとしても、第3章で東大医科学研究所特任教授の上昌広さんが指摘したように、代わりに何か大きなものを失うことになるかもしれない。

そこに親まで加担してしまうと、「あなたのため」の教育が、「教育虐待」に発展することもある。詳しくは拙著『追いつめる親』(毎日新聞出版)を参照いただきたい。本書の中で紹介した、「秀才の空回り」には少なからず親の悪影響もあったのではないかと私は推測する。その悲劇を減らすため、厳しい入塾基準があるとも言える。

答えを出し続ける人生

では「非凡な子」はどうか。取材を通して出会った「王道」を歩いてきた人たちは、頭脳明晰であるだけでなく一様に「いい人」であった。世に想像されるような「変人」だとか、「お勉強バカ」ではない。雑談をしていても話題が豊富だし、気遣いもできる。わけもなく「東大生なんて社会では使えない！」などと紋切り型の批判をする人たちよりもよほど使えそうである。きっとすぐに頭角を現し各分野のリーダーになっていくだろう。

しかし私は第1章で、「『王道』をただ歩むだけでは、教育として、何かが足りない」と述べた。最後に、「『何か』とは何か」について、現時点での私個人の主観を述べて、ひとまず本編を締めくくりたい。

完全に私の独断と偏見に基づいての話だが、「王道」を歩んできた人たちの多くに共通する特性をまとめると以下の4つになる。これらは彼らの強さであり、同時に弱点でもある。

・「答え」を見つけるのが得意

・「そういうもんだ」と自分を納得させられる
・何でも「いちばん」を目指す
・謙虚

目の前に課題を与えられると、反射的に答えを出したくなってしまう。第1章で田中祐子さんが指摘した通りだ。人より早く正解にたどり着くことがいいことだと刷り込まれ、それが彼らのアイデンティティーに大きく関与していたのだから仕方がない。人生のあらゆる局面で答えを出し続ける癖が身についている。

しかし言わずもがな、世の中にはそのときどきで「正解」が変わってしまう「動的な問い」のほうが圧倒的に多い。「動的な問い」に対しては安易に結論を出すのではなく、向き合い続けることが肝要だ。しんどいが、問い、を問いとして抱え続ける力が必要だ。

「正解」がわからない状態に対する耐性が弱い

「正解」がわからない状態に対する耐性が弱いので、彼らの明晰な頭脳をもってしても解けない課題に対しては、「考えてもしょうがない」「それはそういうものだ」として思考を停止する癖もある。

大量の宿題を出されても、受験勉強が過酷さを増しても、「それはそういうものだ」と飲み込めてしまう。

これには良い面と困った面がある。良い面としては、「四の五の言わずやるときはやる」覚悟である。物事を成すためには時としてこういう姿勢も必要だ。困った面としては問題の解決をすぐに諦めてしまうことである。

もし彼らが社会のリーダーになっていくのなら、どんな難題に直面しても諦めてはいけない。「正解」は出せないにしても、向き合い続けなければならない。思考停止に陥ってはいけない。弱者を目の前にして「どうしようもない」で終わらせてはいけない。

大きな力を持つ者には大きな責任が伴う。彼らに課された責任も大きい。

ナンバーワンのジレンマ

人生は選択の連続である。しかしどの選択肢が「正解」なのかは選択したときには当然わからない。わからないのだとしたら、とりあえず世間的に「いちばんいい」とされるものを選んでおこうというのも彼らの思考の癖と言えるかもしれない。

その最たるものが「理Ⅲ問題」である。血を見ただけでも卒倒してしまうような学生が、医師になりたいわけでもないのに、日本でいちばん偏差値が高いからという理由で理Ⅲに入ってくるという問題である。

中学入試においても同様だ。筑駒、開成、桜蔭、灘、神戸女学院には、校風や教育理念よりも「そこがナンバーワンだから」という理由で入学してくる生徒が一定数いると考えられる。その層が多すぎると、学校文化が薄まる可能性がある。私はそれを「ナンバーワンのジレンマ」と呼んでいる。

そしてその層の親子が、大学入試の最難関にいちばん合格させている鉄緑会を選んでいるのだと考えれば、これらの学校において鉄緑会に通う生徒の割合が突出して高いことも説明がつく。

選べる範囲の中で「いちばん」を選ぶのはごく自然なことである。しかしその「いちばん」の基準がどこにあるのかが問題だ。それを世間の評価に求めているのだとしたら、その選択は危うい。

人生における選択の善し悪しは、決断したときに持っている情報量やそのときの判断力が決めるのではなく、その後の努力が決める。それがセンター試験の選択問題とは決定的に違う。どんな不利な選択肢を選んだとしても、あとからその選択肢を最善のものに変えることができる。それが人生だ。その選択を他人からどんなにバカにされようとも、自分にとってはそれが最善であると胸を張って努力し続けられることが「いちばん」大切だ。

しかし世間の基準で選んだ選択肢の善し悪しは自分では変えられない。世間の基準が変わったら、自分の選んだ選択肢の価値も変わってしまう。そのような選択を続けていたら、いつまで経っても人生を自分のものにはできない。満足も得られない。常に生きづらさを感じることになる。

謙虚さは上昇志向の証し

彼らは総じて謙虚でもある。ずば抜けて頭がいいのは明らかなのに、「自分は凡人なので、人よりも努力を重ねなければいけない」「自分は決して天才ではないので、人にはない何かを身につけなければいけない」というセリフを何度も聞いた。話の流れを間違えれば嫌みですらある。

しかし彼らは本気でそう思っている。常に上を目指しているからこそ、上には上がいることがわかっている。決して「井の中の蛙」にはならないのである。

一方で、「もっと自信を持てばいいのに」ともときどき感じた。正確に言えば、自信はある。しかし常に「このままではいけない」というような強迫観念につきまとわれているような印象を受けた。

鉄緑会出身のある女性は、「早くから勉強がものすごくできる人の中に埋没してしまうことで、自己評価が過小になってしまう悪影響はあるかもしれません」と教えてくれた。

「王道」に必要なのは「回り道」

これらの思考の癖は、若いころは誰もが持つものであり、「王道」を歩いたからといってそれが強化されたわけではないと思う。一方で、一般に年齢を経るごとにこれらの癖が目立たなくなってくるのは、「回り道」を経験して、その過程で思いもよらない素晴らしい風景や人物に出会い、最短距離を行くことだけが人生ではないと実感できるようになるからである。

田中さんが司法試験で初めて「回り道」を経験し、そこから人生の視界が開けたのと同じように、彼らにも人生を変える「回り道」がきっとやってくる。

極論すれば、どんな中学・高校に通っていても、中1から高3まで鉄緑会に通い、鉄緑会の勉強だけを徹底的にこなしていれば、東大合格は間違いないと私は思う。しかしそれだけでは足りない。

充実した人生を歩むためには「王道」だけでなくたくさんの「回り道」を歩む必要があるし、たくさんの「回り道」をするためにはそれに耐えられるだけの力を若いうちにつけておかなければならない。心理学用語ではそれを「レジリエンス」と言う。残念ながら塾だけでは十分には身につかない代物だ。

その点、幸いにも彼らの多くは「名門校」と呼ばれるような学校に通っている。名門校とは単に偏差値が高いとか、東大にたくさん入っているとか、そういう学校のことではない。目には見えない強烈な教育力を持つ学校のことである。そのような学校で身につけた「ハビトゥス（特定の集団に特有の行動・知覚・判断の様式を生み出す諸要因の集合）」は、「回り道」したときにこそその効果を発揮し、彼らの折れそうになる心を助ける。

名門校の教育力は、本当の意味で自分の人生を歩み出したときにこそ発動する。卒業して20年、30年経ったとしてもそのときが来るのをじっと待っている。まるで植物の種子が発芽のときを待つように。名門校の「ハビトゥス」については拙著『名門校とは何か？』（朝日新聞出版）を参照いただきたい。

つまり彼らは、塾と学校の2つの環境からそれぞれ次元の違う教育を授かるのである。これが名門校と称される学校に通いながら、鉄緑会のようなハイエンドな塾に通う生徒たちが享受するハイブリッドな教育だ。

もし彼らが塾だけに頼り、学校をおろそかにしたら、大切なものが欠けたまま大人になってしまう危険性がある。彼らが日本の「頭脳」になっていくのなら、それはなおさら危険なことだ。

つまり、これまで「王道」を歩んできた彼らに必要なのは「回り道」。逆説的でもあるし、当たり前でもあると思うのだが、いかがだろうか。

「合格」という目的に向かってできるだけ効率的にアプローチしたいニーズに応えて存在する塾が、「回り道」を回避しようとするのは当然だ。批判される筋合いはない。

しかしそのような塾が過度に社会に対する影響力を持っているのだとしたら、それは塾のせいではなく、世の中全体が「回り道」を良しとしない効率至上主義に染まってしまっているためではないか。今私たちの社会に、「回り道」「無駄」「不純物」「遊び」など円環的作用をもたらすものの価値を認める知性・教養・文化が欠けている証拠と言えるのではないだろうか。

そのことこそ、「塾歴社会」が投げかける根本的な「問い」であると私は思う。
最後に「回り道」に関するエピソードを紹介する。

高2まではトップクラスの成績だったが……

山崎葵さん（仮名）は、現在子育て真っ最中の30代の女医（現在は育児のため非常勤）。
小学校受験をした。大学までエスカレーター式の学校だったので中学受験はしなかった。
しかし教育熱心な母親の方針で、中学受験塾に通わされた。サピックスが分離したあとのTAPである。中学受験をする子供たちが過酷な勉強をしているのだから、同じ勉強をしなければあとで彼らに追いつけなくなるという理由だ。

大学まで続く学校だったが、「大学は受験しなさい」というのが母親の方針だった。そこで中1からSEGに通い始めた。中2から鉄緑会にも通った。

トップ進学校の生徒ばかりが集まるので、刺激が多い。「凡人が受験を突破するには訓練も必要」と割り切り、鉄緑会の大量の宿題にもまじめに取り組んだ。

とにかく宿題が多かったので、毎晩深夜まで宿題をやっていた。学校の授業中に内職が見つかって注意されることもしばしばだった。高2になると鉄緑会での受講科目が増え、部活を諦めた。理系で手に職をつけたいという思いから医学部を狙うことに決めた。

しかしそのころから成績が下降し始めた。高2までは理Ⅲを狙うクラスに在籍していたのにみるみるクラスが下がっていった。

それまで葵さんはほかの塾生よりもまじめに宿題をやっていたので上位をキープできていたが、受講科目が増え、かつ筑駒生や開成生などこれまで本気を出していなかった秀才集団が本気を出し始めたとたんに逆転されてしまったのだ。時を同じくして家庭内のゴタゴタも生じた。精神的に不安定な時期が続いた。

「回り道」をしたからわかる価値

理Ⅲは諦めて願書すら出さなかった。慶應義塾大学医学部も東京医科歯科大学も不合格だった。1年間駿台予備学校に通い、翌年、某私大の医学部に入学した。しかしまわりの雰囲気になじめなかった。鉄緑会にいた人たちとは何かが違った。頭の良さもまじめさも。ひと言で言うとノリがチャラかった。

「ここは私のいる場所ではない」と思い、もう一度大学を受け直すことを決意する。仮面浪人で千葉大学医学部に合格した。入学して新しい友達に囲まれ、「やっと元の世界に戻ってこられた」と感じた。

ただし、千葉大学には地方からやってくる学生も多く、鉄緑会比率は高くはない。同期の友達に対する印象は、「理Ⅲに行った鉄緑会の知り合いよりもバランス感覚がいい」。子供から大人までさまざまな人と接する医者になるのなら、このバランス感覚は大事ではないかと感じた。その点、理Ⅲ生は医学のスペシャリストになっていく集団。「町医者になったら負け」という雰囲気すらある。

鉄緑会、浪人生活、私大医学部を経て、自分には千葉大医学部が正しい選択であったと確信が持てた。だいぶ「回り道」はしてしまったが、だからこそわかる価値だった。

葵さんの姉も鉄緑会出身だ。姉は東大に進んだが、紆余曲折を経てなんと尼になった。

両親はどちらも医者の家系だった。自他共に認める教育ママだった母親は、妥協なく自分の教育方針を貫いた。しかし、2浪して千葉大医学部に進んだ葵さんも、東大には進んだものの尼になった姉も、両親の思い描いていた理想のわが子の人生とは違う人生を歩んでいる。

母親は、「子供の人生は子供の人生である」という当たり前のことを、子育てを終えてから悟った。自分がどれだけ娘たちに依存していたかに気づいた。そして変わった。もう娘たちの人生に口出しすることはなくなった。自分の人生を楽しむことにした。

「お母さん、すごいんです。その歳になって昔ちょっとやっていた水泳を再開したら、今では全国大会の予選にまで出場するほどになっちゃって。やると決めたら徹底的にやるタイプなんです。昔から」と葵さん。

母親も何十年という「回り道」をした。みんなで「回り道」をした。でもそれが無駄だったとは思っていない。

そんな葵さんも今は子供に振り回される毎日。「勉強は得意だけど、主婦としての能力は全く高くない。塾での勉強が今は全く役に立たない！」と笑う。

でも塾で学んだことも、全く無駄にはならないと私は思う。

「きっと、そのうち、子育てにも思わぬ形で役立ちますよ」

笑いながらそう伝えると、葵さんも「あっ、そうかもしれませんね！」と明るく笑った。

付録

鉄緑会出身東大医学部現役生・覆面座談会

参加者出身校——開成／筑駒／灘／桜蔭／女子学院／洛南

●参加者プロフィール

桜井ゆき（桜蔭）　開高俊和（開成）　早乙女杏里（女子学院）
筑紫勇次（筑駒）　灘本幸生（灘）　南香織（洛南）

＊参加者は全員鉄緑会出身の東大医学部現役生。学年はばらばら。出身高校は右記の通り。氏名はすべて仮名。個人の特定を避ける目的で、発言内容に関しては脚色や変更を加えています。

サピックスの夏期講習のために上京

おおた　小学生のときはどこの塾で中学受験勉強をしましたか？

桜井　サピックスに通っていました。

筑紫　僕もサピックスでした。祖父母の住む大阪に行ったときに浜学園や希学園の模試を受けたこともあります。

おおた　トップレベルの塾は全部見てみたんですね。

桜井　私も希学園に半年ぐらい通ってました。

おおた　それはサピックスに行く前ということでしょうか？

桜井　そうです。ですが、関東勢が弱すぎて……。毎回成績上位のランキングに私ともう1人くらいしか載らなかったんですよ。これ、ダメだなと思って。

開高　僕は北海道出身なんです。地元では栄光ゼミナールに通っていました。でも春休みや夏休みには東京まで出てきてサピックスの春期講習や夏期講習を受けました。やっぱりできる子がいっぱいいるので刺激を受けました。

おおた　東京の学校に受かったらどうやって通うつもりだったのですか？

開高　小田原に祖父母がいたので、中学の間はそこから新幹線で通いました。高校は下宿しました。

おおた　まわりに全然中学受験生がいない中で、どうして中学受験をしようと思ったのですか？

開高　きっかけは自分でも全然覚えてないですけど、母が言うには、小5の春ぐらいに自分から塾に行きたいと言い出したらしくて。やってみたら何か結構できたので、受けようかなみたいな。東京に住んでいるいとこが中学受験をしていたので、それで影響を受けたということもあったかもしれません。

灘本　塾は希学園でした。小学生なのに夜の10時20分とかまで居残りで、鉄緑会よりも遅いくらい。家に帰ったあとにまたちょっと勉強して。それが小6のときは週6とか……。正直言って、つらかった。小5ぐらいまで普通の小学生をしていましたが、地元の中学校の評判があまり良くなかったので、母親が中学受験をしたほうがいいと言い出して。

おおた　関西の中学受験塾は結構激しいんですよね。それに比べればサピックスなんてかわいいものだって、関東の塾の先生が言っているのを聞いたことがあります。関西で働いてみたら全然レベルが違ってびっくりしたって言っていました。

南　私は小さいころから公文に行っていて、割とできたみたいで、それで中学受験してみようということになりました。でも情報弱者だったので、親もあんまり塾とか知らなくて、近くの個人塾に通っていました。小4の終わりぐらいからです。

早乙女　私は塾に行ってないです。

おおた　ええっ。

早乙女　私は地方の小学校だったので。めっちゃ田舎で、塾とかなくて、四谷大塚の通信教育の「リトルくらぶ」をやっていました。

おおた　地方だったけど、中学受験をしようと思ったのはなぜでしょう？

早乙女　小学生時代はのびのびと自然の中で育てて、中学からは受験させて東京でバリバりやらせるというのが家の方針だったので。

おおた　しっかりしたポリシーのある教育熱心なご家庭なんですね。

早乙女　その代わり、東大以外あり得ないみたいな家庭です。

おおた　早稲田や慶應でもダメですか……。そうですか。

科学オリンピックのメダリストが隣にいる

おおた　中学受験の結果とその後6年間がどうだったかを教えてください。

灘本　僕は灘と東大寺学園を受けて両方受かって、灘にしました。校風は自由で、めったなことでは怒られません。それと、とにかくすごく賢い人が多かった。

おおた　それはそうでしょう。

灘本　小学校では「賢いね」とちやほやされていましたが、灘に行くと本当に賢い人が多くて、中学生のうちから有名になり出す人とかもいました。生物学オリンピックの金メダリストはいるし。物理オリンピックに関しては金・銀・銅メダリストが揃っていました。在学中にＩＴで大もうけした人もいました。

おおた　でも、理Ⅲに入るということは、灘の中でどのぐらいの成績だったのですか？

灘本　まあ、50番以内はキープしていました。4分の1ですね。全然トップ層ではありませんでした。

おおた　いつから鉄緑会に？

灘本　高2の7月から英語と数学を受けました。小学校以来塾にトラウマがあったので、ギリギリまで行きませんでした。でもやっぱり高2にもなるとまわりにつられて。高3からは物理と化学も受講しました。

おおた　あの辺りで大学受験塾の選択肢と言えば、きっと鉄緑会か研伸館ですよね。

灘本　そうですね。鉄緑会と研伸館が多いです。

おおた　高2から行って、最初からついていけましたか？

灘本　いや、最初は全然下のクラスです。

おおた　そこからどうやって、成績を上げたんですか？

灘本　ちょっと勉強したら高3で一応それなりにある程度優秀な人が集まっていそうなクラスには入れたので、そこで1年間勉強しました。必ずしもトップクラスじゃなくても、理Ⅲに結構行っているのかなと思います。逆にトップでも京大医学部とか東大とか受けない人もいますし。

桜井　バランスですよね。英語と数学のバランス。英語と数学の両方が最上位クラスなんていう人はあまりいないので、両方いちばん上のクラスにいる必要はないのですが、どちらかが下のほうのクラスというのでは理Ⅲは難しいですね。

理Ⅲを狙うなら開成でも10位以内が目安

開高　自分は開成と聖光しか受けていません。開成に落ちたら、多分地元の公立中に行っていたでしょう。聖光も一応受かったんですけど。

おおた　開成に入ってみて、どうでした？　まわりにはサピックスで鍛えた生徒がいっぱいいるわけですよね。

開高　たしかにみんな頭がいいんですけど、かなわないと思うほどの人はそんなにいませんでした。学力よりも、面白い考え方をしている人が多いことが印象的でした。あとはやっぱり入学直後の運動会が衝撃的でした。

おおた　応援団とか、めちゃくちゃバンカラなんですよね。それでカルチャーショックを受けたわけですね。

開高　そうですね。あれは最初の洗礼ですね。

おおた　成績はどれぐらいを？

開高　多分割と最初からずっと10～20番ぐらい。

おおた　すごいですね。開成で100傑といったらもう十分すごいですからね。

開高　でも、例年理Ⅲに現役で受かるのは10人もいません。理Ⅲを狙うならそれくらいにはいないといけませんね。

おおた　いつから鉄緑会に？

開高　合格発表のときに校門の前で配っていたチラシを見て、「開成からの理Ⅲ現役合格者のほとんどが鉄緑会出身です」みたいに書いてあって、「おっ」となって。英語も数学も中1の最初から通いました。

おおた　学校との両立は大変ではありませんでしたか？

開高　公文で英語も数学もやっていたので、正直中学の間はその貯金で行けちゃいました。だから中学の間は結構部活をやっていました。両立はそんなに苦労せずにできましたね。

おおた　余裕なのに行く必要があったのでしょうか？

開高　自分は怠け癖があるんで、塾で強制的に毎週やるというのがやっぱりペースメーカーになっていましたね。

おおた　鉄緑会の宿題には週にどれくらいの時間がかかりました？
開高　1教科当たり多分2〜3時間ですかね。

鉄緑会生への風当たりは強かった

桜井　私は桜蔭と渋渋とあと1校を受けて、全部合格でした。
おおた　桜蔭での生活はどうでした？
桜井　鉄緑会に対しては風当たりが強かった気がします。授業中に鉄緑会のテキストとかを出している人がいたら、すごい文句を言われますし。数学の答案の書き方が鉄緑式だと減点されました。鉄緑会でいちばん上のクラスでも学校のテストは平均点ぐらいとかいう人もいました。
おおた　桜蔭にはやっぱり鉄緑会生が多いのでしょうか？
桜井　入学と同時に鉄緑会に入る人がすごく多かったですね。
おおた　桜井さんは桜蔭で何番くらいの位置にいましたか？
桜井　学校は順位を出さないんです。鉄緑会でレギュラークラスに入れる程度の学力はありましたけど、桜蔭の中で最上位ではなかったと思います。

おおた　鉄緑会にはオープンクラスとレギュラークラスがありますが、やはり大きな違いはあるわけですか？

筑紫　そうですね。まず1クラスの人数が違います。オープンクラスは30人ちょいなんですけど、レギュラークラスは20人という制限があります。あと、先生のレベルが全然違います。

おおた　そのオープンクラスに入るのにも入会テストで一定の点数をとらなきゃいけないわけですね？

筑紫　そう言われてますけど、指定校ならだいたい入れると思います。よっぽど悪ければ落ちるのでしょうけれど。

公文最強説!?

筑紫　僕は筑駒と開成に両方受かって筑駒に行きました。校則が全然なくて、先生たちも自由です。

おおた　鉄緑会の内職をしているのが日常風景みたいな感じと聞きましたが。

筑紫　そうですね。高3になると選択科目が増えて週15コマぐらいでいいんで、みんな鉄緑会の勉強ばかりしてましたね。

南　私は京都の洛南ともう2校を受けて、洛南に行きました。空海の「綜藝種智院」から派生した学校です。だからまず校舎自体が東寺の中にありました。割と校則がきつくて、男子は1カ月に1回刈り上げなきゃいけない決まりがありました。

灘本　洛南へアですね。鉄緑会で洛南の人がみんな同じ髪型でした。

おおた　受験指導も結構してくれる学校なんですか?

南　学校で受験対策まで全部やるみたいな面が強くて、高野山での勉強合宿があったりします。鉄緑会と両方で、最後はちょっとキャパオーバー的なときもありました。

おおた　成績はどんな感じでしたか?

南　私は模試では常に10番以内には入っていましたけど、定期考査では30番くらいでした。

おおた　試験範囲がないときのほうが強かったんですね。鉄緑会にはいつから?

南　数学が中2の前期から、英語が中2の後期からです。仲のいい友達がみんな鉄緑会に通っていたので。結局京大医学部に行った子たちとかなんですけど。

おおた　できる子たちのグループがあって、みんな鉄緑会に行ってて、私も行っといたほうがいいみたいな感じですね。たとえば灘の子とかを見ていると、学校の宿題が少なくてうらやましいとは感じませんでしたか？
南　中学生のうちはなんとかなりました。公文で数学とかやってたので。
おおた　やっぱり公文ですか。
桜井　私もそうでした。
灘本　僕もです。
おおた　へえー、ここにいるほとんどみんな公文やってたんですか？　公文が最強じゃないですか。結論としては。
桜井　優秀者の表の小学校1年とかのやつを見ると、結構今の知り合いの名前があるんですよ。
南　え、ホント？　見てみたい。家に残っているかな。
おおた　公文で鍛えておけば、鉄緑会も楽勝なんですか。びっくり。
南　でも高2あたりからは割ときつかったですね。

東進の東大特進には全員が通った

おおた　ほかの塾は全然行かなかったのですか？

南　センター地理対策で研伸館に一瞬だけ。あと、東進の東大特進コースも。
桜井　懐かしい！
灘本　僕も東進の東大特進は行ってました。
開高　東大特進は行くよね！
筑紫　僕も行きましたね。
おおた　ちょっとそれ教えてください。東進の東大特進に全員が行ったのですか？
桜井　東大特進の林修先生の。
開高　僕も林修先生は行きました。
灘本　物理の苑田先生とか。
おおた　なんでみんなが行くんですか？
桜井　「特待」くれるんです。
灘本　はい。タダで通えるので。
南　たしか教材費だかなんだか数千円だけ払いましたよね。
開高　有料受講の人たちが僕らの授業料も払ってくれているんです。
おおた　あっ、今、なかなか嫌みなことを言いましたよ。

開高　その代わり僕たちの合格も東進の実績になります。
筑紫「合格者数に入りますよ」みたいなところはちゃんと承諾させられましたね。
灘本　一応学生証ももらいました。
おおた　東大特進コースに入っとくと、数学だろうが、英語だろうが、好きな授業があったら全部実質タダで受講できるわけですね。
桜井　で、自習室も使えます。
おおた　林先生とか苑田先生の授業はためにはなるのですか？
開高　僕の場合、結局あまり点数は上がりませんでした。
桜井　林先生の話を聞いてるのが楽しかった。
灘本　僕は国語がマジ苦手だったんですけど。林先生がすごい論理的な解法を教えてくれて、点がとれるようになりました。
筑紫　僕も林先生でめっちゃ上がりましたよ。
早乙女　私はむしろ下がった。林修先生をやめてから点数がバーンと上がって。
灘本　ほんまに？
早乙女　いや、もともと私、国語はできたんですよ。

学校にはライバルがいなくて物足りなかった

早乙女　私は女子学院と豊島岡を受けて両方受かりました。私は桜蔭を受けるものだと思ってたのですが、父親が桜蔭嫌いだったみたいで。
おおた　へえー。
早乙女　でも、女子学院に入ってしまったばっかりに、物足りなくて。
おおた　物足りなさというのは、もう常にトップ？
早乙女　うちは順位が出ないのでわかりません。でも授業が退屈でした。
桜井　桜蔭もそんなに大したことないですよ。
おおた　鉄緑会にはいつから行きましたか？
早乙女　高2の秋です。中1のときから結構行っている人はいたらしいのですが、最初にたくさん入って、すぐにみんなやめてしまうみたいです。高2の時点ではもう10人ぐらいしか残っていませんでした。
おおた　じゃあ、学校の勉強での物足りなさはどうやって解消していたのですか？
早乙女　中学でちょっと病気になって、勉強を本当にしなくなりました。だからやっていなかったんです。ただ、小6のときまでは本当に勉強が好きで。中学に受かってから4月の入学までの間に、独学で中学の勉強をすべて終わらせました。

おおた　えっ？　どういうことですか？

早乙女　中学数学とか理科とかを全部終わらせました。数学がすごい好きで。でも親がめちゃくちゃ厳しかったんで、中学でぐれてしまって。勉強なんか絶対にしないみたいな感じで高1まで過ごしてしまいました。高2になってやっと予備校の模試を受けてみようという気になったのですが、成績上位者のリストに自分の名前がないという初めての体験をして、「まずい」と思いました。塾も全部つまらないと思っていたのですが、鉄緑会というハイレベルな塾があるらしいということをそのとき初めて知りました。

おおた　高2で鉄緑会に行ったときに、どうでした？

早乙女　数学が難しくてびっくりしました。英語はまあ大したことありませんでしたけど。英語は小学校のときに猛勉強したんですよ。海外に住んでいた時期があって。

桜井　帰国子女は最強だと思います。

早乙女　本当に海外には絶対に行かせたほうがいい。

筑紫　それは思うね。たしかに。

桜井　帰国子女にして、数学に力を入れればどこにでも受かりますよ。

灘本　それは間違いないでしょう。

早乙女　うん、そう。マサチューセッツ工科大学に入れたい。

おおた　もう自分の子供の話ですか！

早乙女　鉄緑会に入れたいかと聞かれると、そんなに入れたくない気もするな。

男子参加者は100%医者の息子

おおた　みなさんは、なぜ医学部を目指そうとしたのでしょうか？

筑紫　父と兄が医者なので。

開高　僕もです。

灘本　僕も父親が医者で。

おおた　みんなお父さんがお医者さん？

灘本　はい。きょうだいが3人いますが、全員医者です。祖父も医者でした。

おおた　開高さんのお父さんは開業医？

開高　はい。そして母も医者です。

おおた　南さんと早乙女さんと桜井さんは違うのですね？

南　全然違います。

早乙女　みんな継ぐところがあっていいね。うらやましい。

開高　継げと言われているわけでもないんですけどね。

早乙女　医者になりたいというより、理Ⅲに行きたいという人も多い気がしますよね。

桜井　それはありますね。

灘本　トップですからね。

筑紫　理Ⅲに入っておけば、進振りであとから別の学部にも行けますから。ほかに特に行きたいところがなかったのでとりあえず理Ⅲみたいな人もいると思います。

灘本　でも、関西はやっぱり京医。トップでも京医に行く人いますよ。

おおた　京大医学部ですね。

灘本　僕は結構医者になりたい気持ちが強くて、実は医学部だったらどこでも良かったんです。でも浪人覚悟で一か八か東大を受けました。もし浪人したら翌年は国立大の絶対受かるような医学部を受けようと思っていました。

おおた　国立大の絶対受かる医学部ってあるんですか？

南　千葉大とかでしょう。

灘本　そうです。地方の医学部を受けようかなと思ったんですよ。

おおた　千葉大医学部が、絶対受かる医学部ですか……。

南　私はとりあえず東京に行きたくて。絶対大学は東京に行くんだみたいな。それは洛南に受かったときから決めてました。中学生のころは公認会計士を目指していて、経済学部に行きたかったのですが、途中でよく考えたら経済学部は文系だと気づいて、私には無理だと思って。そうしたら鉄緑会の先生がみんな京大医学部でめっちゃ格好良くて憧れて、そのまま「医学部いいな」みたいな。

おおた　先生たちは京大だけれども、私は東京の大学に行くんだから、東京の大学の医学部といったら東大の医学部だよなみたいな。すごい純粋ですよね。それこそ鉄緑会に入ったからこそ、医学部を身近に感じて、自分もそうしようと思えたんですね。

両親の期待を超えるために理Ⅲを選択

早乙女　私はちょっと複雑です。東大しかあり得ないという価値観の家庭で育ったので、中学受験をするときにはすでに理Ⅲに行こうみたいなビジョンを持っていました。でも中学生のときに病気になったじゃないですか。「もう理Ⅲ無理かも」みたいなことを思って、文Ⅰ志望に切り替えました。でも文系の模試では常に成績トップで張り合いがなくて。

おおた　それはいつごろ？

早乙女　高2の終わりです。

おおた　模試を受けてやばいと思って、鉄緑会で半年勉強したらあっという間に成績が上がったのですね。

早乙女　でも、私が最終的に理Ⅲを選んだ理由の1つは、親の期待を大きく上回りたかったからです。それにはもう理Ⅲ行くしかないみたいな。

桜井　その気持ちわかる気がします。

早乙女　親が異常に厳しくて、高校を卒業するまで携帯、テレビ、ネット、ゲーム、雑誌、マンガ全部禁止みたいな。

灘本　それはやばいレベルですね。

筑紫　厳しすぎでしょう。

桜井　私、早乙女家だったら多分潰れたな。ぐれるな。

これからの医師には英語力も必須

おおた　それぞれの将来の夢とか、目標みたいなもの。今の時点で結構なのでお聞きしたいなと思いますが。

筑紫　僕は結構それなりに理Ⅲに思い入れがあったんですけど、いざ東大に入ってみると、結局楽しいサークルに入っちゃったのでそこでかなり時間がとられています。最低限のぎりぎりの勉強しかしていません。それを今親に結構怒られてます。

おおた　怒られて、なんて応じるんですか？

筑紫　みんなそんなもんだよと。実際、まわりの人もそういう感じですから。

おおた　桜井さんはどうでしょう。

桜井　私の場合、どうしても医者じゃなきゃと思って理Ⅲに来たわけじゃないので、将来何科に進みたいとか、そういうのが全然ありません。でも、多分研究は向いてないから、臨床に行くんだろうなと思います。もし研究ではまることがあれば、そっちに行くかもしれないですけれど。漠然とした考えとしては、ほかの誰かで代替可能な人間にはなりたくないなと。

おおた　患者さんを診る臨床の道を選ぶのか、医学を研究する研究者になるのか、みなさんにとっては大きな選択ですね。開高さんは？

開高　親は普通に臨床の医者をやっているのでやっぱり自分がずっと抱いていたイメージは臨床です。一方で、20年後、30年後には人工知能が人類の知能を超えるという話があって、そういうときに医学がどういうふうに変わるかみたいな研究にも今ちょっと興味があります。でも、やっぱり筑紫さんといっしょで、今は楽しいことに流されている感じです。

おおた　楽しいことってどんなこと？

開高　サークルでテニスを。でも英語は真剣にやらなくてはいけないと思っています。

おおた　みんな英語に対する意識は高いんですね。

早乙女　留学はすごいしたくなりますよ。

開高　実は来年イギリスに行く予定なんですが、この前パリでテロがあったじゃないですか。「大丈夫か？」みたいな感じが今ちょっと……。

おおた　それは語学研修みたいなものですか？

開高　語学留学です。

おおた　完全に自費？

開高　そうですね。大学関連じゃなくて、自分で。

ノーベル賞は無理だと、灘で思い知る

灘本　僕は途上国に行きたいと高校のころから思っています。国際協力的なことにずっと興味があります。それで医学部に来たというのもあります。本当にもっと昔の小学生のころは、研究者になってノーベル賞をとりたいなと思っていました。でも灘に入って、自分はそれほど頭良くないなと思い知らされましたから……。

おおた　大丈夫、十分頭はいいでしょう。

灘本　まあ、たしかにそこそこには。でも世界トップレベルの研究者になれるとまでは思えなくて。それで研究じゃなくて臨床の道に進もうと思いました。僕が日本で医者をやってても、別に僕じゃなくてもほかの人が同じことをできちゃうだろうみたいに思うので。

おおた　なるほど。

灘本　自分のアイデンティティー的なものがほしい。あまりそういう医療とかが発展してない地域だと、わざわざ行く人って少ないのかなと思ったりして。単純に海外への興味は昔から強かったし外国人とかとしゃべるのが好きだったし。

おおた　海外に興味があるし、人助けみたいなものにも心を引かれるのですね。海外でた

とえばそれこそ「国境なき医師団」みたいな活動をするのってとても立派だと思うのですが、東大理Ⅲである必要ってあまりないのかなと思うのですけれど、いかがでしょうか。

灘本　もともと僕も絶対理Ⅲじゃなきゃダメと思っていたタイプではないわけですが、いろんな選択肢がある中でいちばんと言われているところに行けるなら挑戦したいなという気持ちでしょうかね。あとやっぱり海外目線で見ると、東大以外の大学に行っても多分、海外の人は知らないので。

おおた　海外に行くときにも東大が通用するんじゃないかということですね。

桜井　国際団体とかにも東大生は多いですしね。

医学の分野を超えてイノベーションを起こしたい

南　今までも割と何も考えずにここまで来たので、全然まだ何もわからないのですけれど、私多分臨床に進むのかなと思います。でも普通にお医者さんになるのは嫌だなみたいな気持ちもあります。

おおた　普通のお医者さんが嫌だとすると、具体的にはほかにどういうお医者さんがあるんですか？

南　研究もやってみたいと思いますし、それこそ経済学への興味は今でも忘れてないですから、医学と経済学を融合したような感じの分野がないのかなとか……。

おおた　それは面白いですね。ぜひ視野を広げてほしいです。

早乙女　私は実はやりたいことが結構明確にあります。不妊治療に関わりたいと思っています。現在の不妊治療は成功率がとても低いので、着床率を上げる研究をしたいなというのがまずあります。また、ヨーロッパに比べて日本の不妊治療はすごく遅れているので、日本にどれだけうまく浸透させられるだろうかということと、政府の補助をどれだけ引き出せるだろうかということにも興味があります。

おおた　医学的な研究だけではなくて社会構造的なことにも興味があるのですね。南さんと似ていますね。

早乙女　私は文Iも考えていたくらいですからもともと政治にも強い興味があります。

筑紫　すごいですね。

早乙女　ずば抜けた才能がないのだとしたら、どう戦えばいいのかなということを、昔からすごく考えているんです。だから高3のとき、「学校では文系で塾では理系」みたいなことをやってみたりもしました。

おおた　自分の才能をかけ算して、ほかの人にはない価値を創造するということですね。

早乙女　「かけるイノベーション」です。かけ算していれば、そこで勝てるところがあるんじゃないかと思っていて。ここ日本だし、女性は子育てのロスがあるし、普通の働き方をしていたら絶対男性には勝てないだろうというのがわかっているので、「じゃ、どうやったら勝てるだろうか」ということを考えていて。それにはやっぱり研究で自分にしかないメソッドを確立するとか、ＷＨＯのような国際機関などで活躍するしかないなと考えています。だから留学もたくさんしたいですね。

桜井　東大は留学のシステムも充実していますから、最大限に活用したほうがいいですよね。

おおた　みなさんとても冷静に将来のことを考えているのですね。みなさんの活躍に期待しています。今日は長い時間、ありがとうございました。

おわりに

この仕事をしていると、「どうやったら頭のいい子を育てられるでしょうか？」という質問をよくされる。本音を言えば私が知りたいところだが、立場上、「そんなものはない。あったらとっくに世の中頭のいい人だらけになっているでしょう」と返答する。

野球をやらせたらダントツにうまいとか、絵を描かせたら先生よりうまいとか、そういう才能の1つとして、勉強が得意な子というのも存在する。

本書の取材を通してさらに強くそれを確信した。できる子はできるのである。それも桁違いに。塾や学校の先生たちと話していても、明言はされないものの、暗に感じる。彼らが「素質」の存在に気づいていることを。

かけっこが遅くても、「あの子は運動神経が鈍いからしょうがない。あの子なりに一生懸命走ればいい」で許される。かけっこの遅い子が、50メートル9秒を切るまで寝ないで走り続けなさいと言われることはないだろう。

絵に興味のない子が、及第点をとるまで何度もデッサンを描かされることもない。

しかしたまたま勉強という種目が不得意分野である子は大変だ。勉強ができないのは努力不足だからと叱られる。できるようになるまでやらされる。

勉強はしたほうがいい。でも勉強することと、できることは違う。できなくてもいいからすることが大事だと私は思う。ほどほどでもいいから。

一方、勉強という分野の才能に恵まれた子供たちは、より高いレベルのライバルと切磋琢磨して、どんどん才能を磨けばいい。トップアスリートになる才能を持つ子供たちがスポーツエリート養成チームに集められ、血のにじむような努力を重ね、切磋琢磨しながら成長していくのと同じである。そのための場所が現状、彼らにとってはサピックスであり、鉄緑会なのである。

「わが子にも『王道』を歩ませたい」との思いを強くした人もいるだろうし、その逆もいるだろう。判断はみなさまに委ねたい。

２０１６年１月　おおたとしまさ

著者略歴

おおたとしまさ

育児・教育ジャーナリスト。

一九七三年東京生まれ。麻布中学・高校卒業。

東京外国語大学英米語学科中退。上智大学英語学科卒業。

リクルートで雑誌編集に携わり、二〇〇五年に独立。

育児・教育に関する執筆・講演活動を行う。

各種メディアへの寄稿、コメント掲載、出演も多数。

心理カウンセラーの資格、中高の教員免許を持ち、私立小学校での教員経験もある。

著書に『名門校とは何か？』（朝日新聞出版）、『追いつめる親』（毎日新聞出版）、『進学塾という選択』（日本経済新聞出版社）などがある。

幻冬舎新書 406

ルポ 塾歴社会
日本のエリート教育を牛耳る「鉄緑会」と「サピックス」の正体

二〇一六年一月三十日 第一刷発行
二〇一六年二月 十 日 第二刷発行

著者 おおたとしまさ
発行人 見城 徹
編集人 志儀保博

発行所 株式会社 幻冬舎
〒一五一−〇〇五一 東京都渋谷区千駄ヶ谷四−九−七
電話 〇三−五四一一−六二一一(編集)
〇三−五四一一−六二二二(営業)
振替 〇〇一二〇−八−七六七六四三

ブックデザイン 鈴木成一デザイン室
印刷・製本所 中央精版印刷株式会社

検印廃止

Printed in Japan ISBN978-4-344-98407-3 C0295
お-22-1

幻冬舎ホームページアドレス http://www.gentosha.co.jp/
*この本に関するご意見・ご感想をメールでお寄せいただく場合は、comment@gentosha.co.jp まで。

幻冬舎新書

佐藤康光
長考力
1000手先を読む技術

一流棋士はなぜ、長時間にわたって集中力を保ち、深く思考し続けることができるのか。直感力や判断力の源となる「大局観」とは何か。異端の棋士が初めて記す、「深く読む」極意。

出口治明
本物の教養
人生を面白くする

教養とは人生を面白くするツールであり、ビジネス社会を生き抜くための最強の武器である。読書・人との出会い・旅・語学・情報収集・思考法等々、ビジネス界きっての教養人が明かす知的生産の全方法。

鍋田恭孝
子どものまま中年化する若者たち
根拠なき万能感とあきらめの心理

幼児のような万能感を引きずり親離れしない。周囲に認められたいが努力するのは面倒――今そんな子どもの心のまま人生をあきらめた中年のように生きる若者が増えている！　ベテラン精神科医による衝撃報告。

桜井章一　藤田晋
運を支配する

勝負に必要なのは、運をものにする思考法や習慣である。20年間無敗の雀鬼・桜井氏と、「麻雀最強位」タイトルホルダーの藤田氏が自らの体験をもとに実践的な運のつかみ方を指南。

幻冬舎新書

病気になるサプリ
危険な健康食品

左巻健男

健康食品・サプリの危険性を製造、広告、科学的根拠の面から徹底追及。「ベータカロチンのサプリは体に悪い」「グルコサミンは血管の少ないひざ軟骨に届かない」「サプリは添加物だらけ」など驚きの真実が満載。

なぜいくら腹筋をしても腹が凹まないのか

中野ジェームズ修一

腹を凹ませるために鍛えるべきは、腹筋でも体幹でもない。実は「下半身」である。ダイエットの常識を覆し、最も効率良く内臓脂肪と皮下脂肪を落とす、目から鱗のトレーニングバイブル。

理系あるある

小谷太郎

「ナンバープレートの4桁が素数だと嬉しい」「花火を見れば炎色反応について語りだす」……。理系の人特有の行動や習性を蒐集し、その背後の科学的論理を解説。理系の人への親しみが増す一冊。

しない生活
煩悩を静める108のお稽古

小池龍之介

メールの返信が遅いだけなのに「自分は嫌われている?」と妄想して不安になる——この妄想こそ仏道の説く「煩悩」です。ただ内省することで煩悩を静める、「しない」生活のお作法教えます。

幻冬舎新書

諸富祥彦
悩みぬく意味

生きることは悩むことだ。悩みから逃げず、きちんと悩める人にだけ濃密な人生はやってくる。苦悩する人々に寄り添い続ける心理カウンセラーが、味わい深く生きるための正しい悩み方を伝授する。

中野信子
脳内麻薬
人間を支配する快楽物質ドーパミンの正体

人間がセックス、ギャンブル、アルコールなどの虜になるのは「ドーパミン」の作用による。だが実はドーパミンは人間の進化そのものに深く関わる物質でもあるのだ。「気持ちよさ」の本質に迫る。

渡辺雄二
体を壊す13の医薬品・生活用品・化粧品

シャンプーやボディソープ、歯磨き粉やうがい薬、ダイエット食品やサプリメントなどをやめることが実は健康への一番の近道。科学ジャーナリストが体にいい生き方、商品の選び方を指南。

小谷野敦
面白いほど詰め込める勉強法
究極の文系脳をつくる

膨大な〈知〉を脳の許容量いっぱいにインストールするコツは「リスト化」「記号化」「年表化」の三技法！　文藝評論家で留学経験があり、歴史や演劇にも詳しい著者が教える、博覧強記になれる最強ノウハウ。